销售冠军成长记系列

金牌销售项目组
组织编写

汽车销售
从入门到精通

从目标到业绩的
高效销售技巧

化学工业出版社

·北京·

内容简介

《汽车销售从入门到精通——从目标到业绩的高效销售技巧》全面系统地介绍了汽车销售人员应掌握的专业知识、应具备的职业素质、客户开发与接待技巧、车辆展示与介绍技巧、客户试乘与试驾技巧、洽谈成交与签约技巧、及时交车与验车技巧、客户维护与跟踪技巧等内容。本书从大众化的视角,通过"情景再现",将理论和实践紧密结合,向读者传递出汽车销售的理论和技巧。"休闲小吧"可让读者在阅读间隙通过小故事来感受大道理。

本书突出实用性和专业性,无论是职场新手,还是经验丰富的汽车销售人员,相信阅读本书后都会对汽车销售有新的认识,使业绩步步增长。

图书在版编目(CIP)数据

汽车销售从入门到精通:从目标到业绩的高效销售技巧/金牌销售项目组组织编写. —北京:化学工业出版社,2021.2
(销售冠军成长记系列)
ISBN 978-7-122-38149-1

Ⅰ.①汽… Ⅱ.①金… Ⅲ.①汽车-销售 Ⅳ.①F766

中国版本图书馆CIP数据核字(2020)第243344号

责任编辑:陈　蕾
装帧设计:尹琳琳
责任校对:王鹏飞

出版发行:化学工业出版社
　　　　　(北京市东城区青年湖南街13号　邮政编码100011)
印　　装:三河市延风印装有限公司
710mm×1000mm　1/16　印张13　字数221千字
2021年1月北京第1版第1次印刷

购书咨询:010-64518888
售后服务:010-64518899
网　　址:http://www.cip.com.cn
凡购买本书,如有缺损质量问题,本社销售中心负责调换。

定　价:68.00元　　　　版权所有　违者必究

销售是一门非常大的学问,其中蕴含着很多道理、技巧,销售经验和能力不是简简单单一下就能学成的,它需要不断的打磨和修炼。要做好销售工作需要销售人员具有真才实干,需要勇气、口才、交际能力,更需要一定的知识素养、谈判能力和耐力。一个销售人员通过不断的学习和坚持不懈的努力,一定会产生好的业绩。

销售的起步非常艰辛,对于一个销售新人来说,刚开展业务的时候没有人脉、没有客户、没有经验,难免会遇到各种各样的问题,这时销售人员一定要调整好自己的心态,不懈地坚持努力,以诚待人,积聚人脉,开发客户,让潜在的客户真正了解你,让他们转化为你真正的客户。

基于此,我们组织编写了一套"销售冠军成长记系列"丛书,丛书包括《二手房销售从入门到精通——从目标到业绩的高效销售技巧》《保险销售从入门到精通——从目标到业绩的高效销售技巧》《汽车销售从入门到精通——从目标到业绩的高效销售技巧》《服装销售从入门到精通——从目标到业绩的高效销售技巧》四本。

本套图书具有以下亮点和特色。

◇章节架构方面:每章下都将独立的要点成节,每一节又分"要而言之""详细解读"两大板块,其中"详细解读"运用了大量的图表和"小提示""休闲小吧""销售语录""情景再现""相关链接"等栏目,对各知识点进行了丰富和拓展。

◇充分考虑现代人快节奏、高压力的工作方式,完全去"理论化"而注重实际操作性,所有知识点都使用精确而简洁的方式进行描述,并尽可能多地通过碎片化的阅读模式解读各知识点,进一步启发读者去思考、学习并运用各项技能。

其中,《汽车销售从入门到精通——从目标到业绩的高效销售技巧》由导读(如何成为一流销售人员)、应掌握的专业知识、应具备的职业素质、客户开发与接待技巧、车辆展示与介绍技巧、客户试乘与试驾技巧、洽谈成交与签约技巧、及时交车与验车技巧、客户维护与跟踪技巧等内容组成。

由于笔者水平有限,书中不足之处在所难免,敬请读者批评指正。

编者

目录

001 导读 如何成为一流销售人员

005 第一章 应掌握的专业知识

一名优秀的汽车销售顾问会通过自己掌握的专业知识对顾客进行消费引导，让顾客不但购买到汽车，同时也"买"到有关的知识，享受到优质的销售服务，从而体现出其专业化的销售水平。

应了解的汽车基本知识	007
应了解的合同法规知识	014
应了解的消费信贷知识	017
应了解的车辆保险知识	020
应了解的消费心理知识	025

027
第二章
应具备的职业素质

不同的职业对从业人员的素质要求有所不同，汽车销售顾问也不例外。要想成为一名优秀的销售顾问，应具备相应的职业素质，包括规范的着装礼仪、标准的职业礼仪、良好的职业心态等。

应具备的技能要求	029
应具备的着装礼仪	033
应具备的仪态礼仪	036
应具备的接待礼仪	043
应具备的职业心态	051

053
第三章
客户开发与接待技巧

有效的潜在客户开发工作可以使更多的客户来到展厅，进而创造更多的销售机会。对于来到展厅的顾客，要做好接待工作，与他们建立融洽的关系与初步的信任，为达成交易做准备。

潜在客户评估法则	055
潜在客户开发途径	058
借助微信开发客户	064
线上直播吸引客户	066
与潜在客户的接触	068
来电客户接待要点	072
展厅客户接待服务	074
了解分析客户需求	079

车辆介绍是销售流程中关键的步骤,通过这一步骤,汽车销售顾问可以展示自己的专业知识,激发客户的购买兴趣。

087
第四章
车辆展示与介绍技巧

规范的车辆展示	089
六方位绕车介绍	091
用FAB法则介绍	095
车辆介绍的原则	100
车辆介绍的技巧	102

试乘试驾是加强客户购买信心的重要手段之一,同时也是提升客户满意度的必要保证。这个过程是销售的绝佳时机,汽车销售顾问一定要好好利用。

107
第五章
客户试乘与试驾技巧

了解试乘试驾的方式	109
做好试乘试驾的准备	111
做好试乘试驾的介绍	114
陪同客户试乘试驾	122
试乘试驾后的应对	127

129

第六章
洽谈成交与签约技巧

客户在试乘试驾之后，对汽车便会有进一步的认识。此时，汽车销售顾问可以寻找适当机会向客户报价，若客户有异议，要及时处理，以尽快达成交易，并在第一时间签约。

妥善报出汽车价钱	131
辨别分析客户异议	133
积极处理客户异议	136
把握时机，促成交易	143
主动出击，建议成交	146
达成交易，及时签约	151

153

第七章
及时交车与验车技巧

交车验车这个过程可为客户以后回到本企业做售后打下了基础，因此在这个过程中不仅要注重交车验车方面的事宜，还要积极开展有关客户售后服务的准备工作。

交车前与客户沟通	155
交车前的准备工作	157
提车前的相关事宜	159
交车中的相关事宜	163
协助办理车辆保险	167

客户维护，是汽车销售服务的重要组成部分，是销售顾问必须要做好的工作。做好客户维护，既是对汽车销售门店负责，也是对客户负责。维护好客户关系，可以为汽车销售门店带来更多的客户。

客户关系维系	173
客户跟踪服务	177
客户投诉处理	181
客户档案管理	188
客户会员管理	191
保险理赔服务	195

171

第八章
客户维护与
跟踪技巧

汽车销售从入门到精通
从目标到业绩的高效销售技巧

0. 导读

如何成为一流销售人员

销售是一门学问，人人都会做销售，但不是谁都能真正做好销售。销售人员要掌握的不仅仅是向客户卖东西那么简单，而要明白为什么要卖给客户？怎样卖给客户？怎么有客户来买？可见，要想成为一名一流的销售人员，还要付出很多努力。

一、提升销售能力

销售能力究竟应该怎么提升？不管是销售人员本身还是销售管理人员，都应该思考这个问题。

很多人不得其法，眉毛胡子一把抓，只要看到和销售有关的内容，不管是否适合自身便东拼西凑，拿来就用。实在没有别的办法，就反复"打鸡血"，甚至试图通过体罚措施来提升销售能力的现象也屡见不鲜。

其实，提升销售能力应该有一个清晰的框架及路线图，才能做到科学高效、省时省力。

下图所示的就是销售能力模型。

销售能力 = 产品知识 + 销售心态 + 销售技巧

销售能力模型

1. 产品知识

产品是销售的前提和核心，完整、深入的产品知识才能让销售人员在面对和产品有关的问题时从容不迫。

俗话说"手里有粮，心里不慌"，讲的就是这个道理。

2. 销售心态

销售心态是决定销售是否成功的关键，积极的心态更容易让销售人员发现工作中的机会，乐观的销售人员随时给人传播积极的能量。在与客户交流时也是这样，销售人员的乐观会带给客户愉快的消费体验，客户也更愿意跟你交流，你因此也会给客户留下深刻的印象。

3. 销售技巧

销售技巧是销售人员沟通时运用的一些方法，它应该建立在人性基础之上，同时也要符合客户的心理规律。

技巧是对知识的整合，它决定了销售的效率，具有重要的作用。销售技巧可以让销售过程"多、快、好、省"，可以充分发挥产品知识的价值，让沟通有结果。

二、改变销售思维

销售提供的是一个好的创业机会，用领导的思维来经营销售事业，成功胜率自然提升。

1. 有领导的格局——赢在自我规划

适逢梅雨季节，一位员工烦恼地说："这连续大雨不知道什么时候才会停？""为什么要担心？我最喜欢下雨天去拜访客户了。"领导好奇地问对方："下雨天，不正是拜访客户的好时机吗？平常说没空的客户，下雨天同样不想出门，这时就很可能有空，不是吗？"

可见，员工心态的销售人员常抱着"能早收工就不加班，能少干活就省点精力"的想法；而具有领导格局的销售人不管刮风下雨还是酷暑，习惯规划思考"还能做些什么？"清楚知道自己"接下来该做什么？"善于管理时间、规划活动行程以及调整自身的业务节奏。

当你将销售当事业，用领导的格局思维看待时，应该会觉得时间不够用才是。

2.有领导的视野——不吝自我投资

生活中，常会有人说："等我赚到钱，收入稳定了，我再去学这个、进修那个、参加什么研习营……"

"赚到钱再谈自我投资"的思考模式有陷阱，毕竟投资不会立竿见影，需要花心力持续、累积时间慢慢"发酵"。就好比不是今天去健身房报了名，就会立刻长出六块肌；今天加入了社团发展人脉，也要和社员真心交流、搏感情，然后才能签单成交。

领导视野看的不只是今天，而是明天、明年甚至十几年后，所以他们不会将今天赚到的利润全放进口袋，而会拿出一部分钱投资未来。

有领导格局的销售人员，会将每个月赚的钱拨一部分作为投资，投资在人脉经营，不断丰富自己的人际关系；投资在自我成长，培养专业以外的兴趣；投资在专业技能，学习各种对销售专业有帮助的课程。领导在想的不是"有钱再去做"，而是"值得就该去做"。

3.有领导的思维——不断自我检视

通过开会就能看出领导与员工之间的差别。领导开会的心态是为了盘点检讨、找对策、做修正，态度十分积极；而员工听到开会，就联想到又要被检讨、肯定没有好事，通常是消极以对。

常常也有销售人员抱怨："每次开会就是检讨业绩进度，检讨拜访活动量，还要申报业绩目标……烦不烦啊！"

事实上，一个优秀的团队不用等到开会，随时都会自我检视，盘点自身进度，检讨还有哪些不足。

领导与员工之间还有一个明显的差别。若是问领导，景气不好、竞争压力又大、生意好做吗？事业有成的领导会说："机会其实还是有的，只要我们提升实力，自然能增加竞争力……"相同的问题，员工则会说："对啊，景气不如以往、市场竞争又激烈，领导还要求做更多……"可见，领导会寻求突破、精益求精，而员工往往是牢骚抱怨加借口。

因此，对于销售人员来说，想要业绩突出，应该拥有自己就是领导的思维，随时多一点自我检视，其实这也是在为自己打拼。

> 用工作的格局做销售，通常都是被动等待客户上门，看不见热情；而用创业的格局做销售，自然表现出主动积极，还想尽办法追求成长、深化市场经营，销售热力油然而生。所以想成为一流的销售人员，应先将格局高度提上来，把自己当领导。

三、成功推销自己

推销自己，是所有成功的销售人员必须具备的技能。把自己推销给别人，是你成功推销的第一步。

乔·吉拉德做汽车销售时，许多人排很长的队也要买他卖的车，实际上他卖的车与别的汽车销售业务员卖的车一样，但人们宁愿等候多日，也要从他手里买车。为什么？当有人向吉拉德请教他的成功秘诀时，他这样回答："跟其他人一样，我并没有什么诀窍，我只是在销售世界上最好的产品，就是这样，我在销售乔·吉拉德。"

销售任何产品之前首先销售的是你自己，在销售过程中，假设客户不接受你，你还有机会向他介绍产品吗？要记住，一流的销售卖自己，二流的销售卖服务，三流的销售卖产品。

第一章
应掌握的专业知识

导言

　　一名优秀的汽车销售顾问会通过自己掌握的专业知识对顾客进行消费引导,让顾客不但购买到汽车,同时也"买"到有关的知识,享受到优质的销售服务,从而体现出其专业化的销售水平。

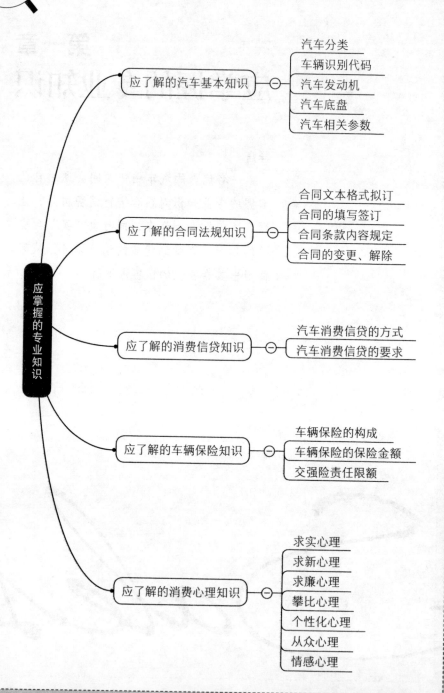

应了解的汽车基本知识

【要而言之】

对于汽车销售顾问来说,学习和掌握专业的汽车基础知识,在与客户沟通过程中会让客户觉得你更专业,更值得信赖。

【详细解读】

一、汽车分类

汽车的种类繁多,但是总体上来说,还是可以根据其用途、动力装置型式、行驶道路条件等进行简单的分类。

1. 按用途划分

汽车按用途划分,可分为运输汽车和特种用途汽车两种。

(1)运输汽车。可以分为轿车、客车、货车和牵引汽车四种。

(2)特种用途汽车。根据特殊的使用要求设计或改装而成,主要是执行运输以外的任务。具有装甲或武器的作战车辆不属此列,而被列为军事特种车辆。

2. 按动力装置型式划分

按汽车的动力装置型式来划分,可分为活塞式内燃机汽车、电动汽车和燃气轮机汽车三类。

3. 按行驶道路条件划分

汽车按行驶道路条件可分为公路用车和非公路用车两类。

二、车辆识别代码

车辆识别代码,即 VIN,是英文 Vehicle Identification Number 的缩写。目前世界各国汽车公司生产的汽车大部分使用 VIN 车辆识别代码,由一组字母和阿拉伯数字共17位组成。

每位代码代表着汽车某一方面的信息参数,如 LBVVG7908SC00×××× 就是一个车辆识别代码。

车辆识别代码由三部分组成,分别是 WMI、VDS 和 VIS,具体组成与含义如下图所示。

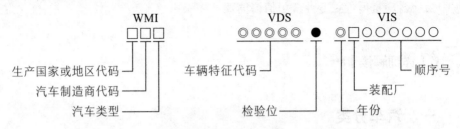

车辆识别代号的组成和含义
□代表字母;◎/●代表字母或数字;○代表数字

1.WMI 的含义

世界制造厂识别代号(WMI),必须经过申请、批准和备案后方能使用。当此代号被指定给某个车辆制造厂时,就能作为该厂的识别标志,在与 VIN 的其余部分一起使用时,足以保证30年之内全世界制造的所有车辆的 VIN 代号具有唯一性。

第1位字码代表生产国家或地区代码。

第2位字码代表汽车制造商代码。

第3位字码代表汽车类型。

第1、2位字码的组合将能保证国家识别标志的唯一性,第1~3位字码的组合能保证制造厂识别标志的唯一性。当制造厂的年产量少于500辆时,世界制造厂识别代码的第3个字码就是9。

2.VDS 的含义

VDS 的含义是指车辆特征,由6位字码组成车辆说明部分,能识别车辆的一般性能，其代号顺序由制造厂决定。

3.VIS的含义

VIS的含义是指车辆指示部分，由8位字码组成，用以表达每一具体车辆的生产年份、装配厂及生产顺序号。其中，第10位表示车型年份，第11位表示装配厂，第12～17位是顺序号。

三、汽车发动机

汽车发动机为汽车提供动力，是汽车的"心脏"，影响汽车的动力性、经济性和环保性。

发动机包括曲柄连杆机构和配气机构两大机构，由冷却、润滑、点火、燃料供给、启动五大系统组成，主要部件有气缸体、气缸盖、活塞、活塞销、连杆、曲轴、飞轮等。

四、汽车底盘

汽车底盘由传动系统、行驶系统、转向系统和制动系统四部分组成。底盘的作用是支撑、安装汽车发动机及其各部件、总成，形成汽车的整体造型，并接受发动机的动力，使汽车产生运动，保证正常行驶。

1.传动系统

传动系统一般由离合器、变速器、万向传动装置、主减速器、差速器和半轴等组成。

汽车发动机所发出的动力靠传动系统传递到驱动车轮。传动系统具有减速、变速、倒车、中断动力、轮间差速和轴间差速等功能，与发动机配合工作，能保证汽车在各种工况条件下的正常行驶，并具有良好的动力性和经济性。

2.行驶系统

行驶系统主要包括车架、车桥、悬架、车轮和轮胎等。行驶系统的功用如下图所示。

作用一	接受传动轴的动力，通过驱动轮与路面的作用产生牵引力，使汽车正常行驶
作用二	承受汽车的总重量和地面的反力
作用三	缓和不平路面对车身造成的冲击，衰减汽车行驶中的振动，保持行驶的平顺性
作用四	与转向系统配合，保证汽车操纵稳定性

行驶系统的功用

3.转向系统

汽车转向系统的作用是遵从驾驶员的操纵，改变汽车的行驶方向。

机械式转向系统包括由转向盘、转向轴、转向万向节组成的转向操纵机构，以及由转向器和由转向摇臂、转向直拉杆、转向节臂、左转向节、左右转向梯形臂、转向横拉杆、右转向节组成的转向传动机构。

4.制动系统

汽车上用以使外界（主要是路面）在汽车某些部分（主要是车轮）施加一定的力，从而对其进行一定程度的强制制动的一系列专门装置统称为制动系统。其作用是，使行驶中的汽车按照驾驶员的要求进行强制减速甚至停车；使已停驶的汽车在各种道路条件下（包括在坡道上）稳定驻车；使下坡行驶的汽车速度保持稳定。

五、汽车相关参数

随着汽车在日常生活中的日益普及化，人们对汽车相关参数的了解也越来越多，作为一名汽车销售顾问，更要懂得这方面的知识。

1.汽车重量参数

一般来说，汽车重量参数包括下表所示的三个方面。

汽车重量参数

序号	参数	说明
1	自重	汽车完全装备好（但不包括货物、驾驶员及乘客）的重量，它除了包括发动机、底盘和车身外，还包括燃料、润滑油、冷却水、随车工具和备用轮胎的重量
2	载重量	货车在硬质、良好路面上行驶时所允许的最大额定装载重量。客车和轿车的载重量一般以乘坐人数表示，其额定载客人数即车上额定的座位数
3	总重量	汽车在满载时的总重量，即汽车自重、额定载重之和

2.汽车尺寸参数

一般来说，汽车尺寸主要是指下表所示方面的知识。

汽车尺寸参数

序号	参数	说明
1	车长	车长是汽车前后最外端突出部位之间的距离。按我国有关规定，公路车辆的极限尺寸是，货车、越野车、客车不大于12米，铰接式客车不大于18米，汽车带挂车不大于20米
2	车宽	车辆两侧平面突出的部位（除后视镜、转向指示灯、防滑链、轮胎与地面接触部分的变形以外）之间的距离。按我国现行有关规定，公路车辆极限总宽不得大于2.5米
3	车高	车辆在没有装载的情况下，支撑平面与最高突出部位之间的距离。按我国有关规定，公路车辆的总高不得大于4米
4	轴距	车辆同一侧面相邻两个车轮中心线间的距离。轴距的长短直接影响汽车的长度与使用，如短轴距的汽车长度较短，最小转弯半径就小，汽车的操纵性与行驶稳定性变差。而轴距过长又使汽车的最小转弯半径变大，机动性能变差
5	轮距	同一车轴上两轮之间的中心距离。轮距越宽，汽车的稳定性能就越好

续表

序号	参数	说明
6	前悬	前悬是指汽车前轮中心与车辆前端的水平距离。前悬不宜过长,否则汽车接近角过小,上坡时容易发生触头现象,影响汽车的通过性能
7	后悬	后悬是指后轮中心与车辆后端的水平距离。后悬不宜过长,否则汽车下坡时容易刮地,影响通过性能,转弯也不灵活
8	最小离地间隙	汽车底盘最低点离地面的高度。对于大部分汽车来说,最小离地间隙大多是后桥壳最低点离地面的高度

3.汽车性能参数

一般讲汽车性能参数主要是指汽车的动力性能、燃油经济性、制动性、操控稳定性、行驶平顺性以及通过性。

(1)动力性能。汽车的动力性能指标用汽车在良好路面上直线行驶时所能达到的平均行驶速度来表示。汽车的动力性能指标主要用最高车速、汽车的加速时间、汽车所能爬上的最大坡度三个方面的指标来评定。

(2)燃油经济性。汽车的燃油经济性常用一定工况下汽车行驶100千米的燃油消耗量或一定燃油量能使汽车行驶的里程数来衡量。汽车燃油经济性指标的单位为"升/100千米",其数值越小,表明汽车燃油经济性越好,汽车就越省油。

(3)制动性。汽车的制动性主要从制动效能、制动效能恒定性和制动时汽车的方向稳定性三个方面进行评价。

(4)操控稳定性。汽车的操控稳定性是指司机在不感到紧张、疲劳的情况下,当遇到外界干扰(比如侧向力、转弯时的向心力等)时,汽车所能抵抗干扰而保持稳定行驶的能力。汽车的操控稳定性越好,汽车就越容易操控。

汽车的操控稳定性常用汽车的稳定转向特性来评价。转向特性包括不足转向、过度转向以及中性转向三种状况。

(5)行驶平顺性。汽车行驶时,由于路面不平等因素引起汽车的振动,使乘员处于振动环境之中。平顺性主要是根据乘坐的舒适度来评价的,所以又称为乘坐舒适性。

(6)通过性(越野性)。汽车的通过性(越野性)是指汽车能以足够高的行驶速度通过各种坏路及无路地带，比如松软地面、坎坷不平地段以及各种障碍（如陡坡、侧坡、壕沟、台阶、水障等）的能力。

休闲小吧

有一个秀才去买木材，他对卖木材的人说："荷薪者过来！"

卖木材的人听不懂"荷薪者"（担材的人）三个字，但是听得懂"过来"两个字，于是把材担到秀才前面。

秀才问他"其价如何？"

卖木材的人听不太懂这句话，但是听得懂"价"这个字，于是就告诉秀才价钱。

秀才接着说"外实而内虚，烟多而焰少，请损之（你的木材外表是干的，里面却是湿的，燃烧起来，会浓烟多而火焰小，请减些价钱吧）。"

卖木材的人因为听不懂秀才的话，于是担着木材就走了。

点评

用对方听得懂的语言进行沟通，是销售成功的保障。而很多情况下导购的销售语言要么模棱两可，要么专业性太强。例如推荐一条JEEP牌的休闲裤时，导购告诉顾客这条裤子采用了天丝面料，销售用语就此打住。试问顾客听后会有何感想？答案是很显然的，"什么是天丝？""天丝有什么好处？""我为什么要买天丝的裤子？"……我想这一个个问号会陆续出现在顾客的脑海中，这样的介绍沟通，我们称为无效沟通。用顾客听得懂的语言进行沟通，看似简单，却是最有效的销售技巧之一。

应了解的合同法规知识

【要而言之】

在汽车销售工作中,销售人员经常需要接触和运用各种合同及法规,因此好好学习有关汽车销售的合同和法规知识对汽车销售顾问有很大的帮助。

【详细解读】

一、合同文本格式拟订

1.合同内容

合同采用统一的标准格式和条款,由门店业务管理部会同法律顾问共同拟订。合同需包括下图所示的内容。

- 供需双方全称、签约时间和地点
- 产品名称、单价、数量、金额
- 交货期限、交货地点及验收方法应具体、明确
- 付款方式、付款期限及付款确认条件
- 免除责任及限制责任条款
- 违约责任及赔偿条款
- 具体谈判业务时的可选择条款
- 合同双方盖章生效等

合同需包括的内容

2.合同分类

合同按标的物交付时限能否确定分为《汽车买卖合同》和《汽车订购合同》。对于交付时限能确定的销售使用《汽车买卖合同》；对于交付时限不能确定的销售使用《汽车订购合同》。

二、合同的填写签订

销售人员在合同的填写和签订时需要注意以下事项。

（1）签订合同时书写应规范化、具体化，字迹清晰、工整，不得涂改；客户签名不清时，销售人员应向客户询问，确认后在合同上以正楷字进行标注。

（2）销售人员在与客户签订销售合同时，必须要求客户提供有效的身份证明文件，同时告知客户合同内容以及不得进行客户名称变更的原则。

（3）合同必须严格按照格式内容填写，不得随意更改、增减条款，所有既定条款（含交货时间、地点、价款、定金）必须按公司统一规定填写。

（4）选择条款的内容必须严格按照公司规定填写，如与规定不符，必须报请相关权限责任人签字确认。

（5）合同内严禁出现"赠送"字样，按协议提供给客户车辆之外的物品或其他优惠只能在"车辆设备"栏以新增设备形式出现，或者在可选择条款内以包干价方式加以明示。

（6）合同格式内容填写完毕，销售人员引导客户到财务部专设收款处缴纳合同约定款项，然后由销售人员持加盖收银人员"收讫"章的合同到财务部加盖合同专用章，收款与盖章两者齐备，本合同方可确认签订，交报销售部内勤人员后，合同订立完成。

（7）财务部收银人员有权拒绝与公司规定不符的销售合同的款项收取；财务部印章保管人员有权拒绝对不符规定的销售合同加盖合同专用章，如有违反，后果由当事人自行承担。

三、合同条款内容规定

门店对合同价款、定金金额、交货时限、可选条款内容以及相关权限等销售政策做事先规定。

汽车销售顾问在实际销售过程中发生与销售政策有冲突，且超出权限的情况，可按销售政策规定的权限逐级申报，原则上以不超出该公司经营最高负责人权限为限。特殊情况报请汽车业务管理部裁定。

四、合同的变更、解除

所指变更仅为对合同内容及履行方式的更改，不包含对合同主体的变更。

合同变更、解除是指因为缺货或客户的特殊要求等客观原因，造成在可预计的约定期限内不能履行合同，由其中一方提出对合同标的、时限进行变更或者提出解除合同。

（1）销售合同发生变更或者解除时，必须与客户协商，达成一致后以书面形式确定，由双方签字确认，同时报公司财务部门备查。严禁在原合同上进行更改，严禁将原合同私自销毁。

（2）公司因销售合同的变更、解除而产生的违约责任需由公司法律顾问予以认定，报董事长核准。除此之外的违约责任认定均视为无效，由当事人自行承担。

销售合同中的客户名称在合同订立后，除了下图所列情形外，原则上不得变更，只能解除合同。

情形一	变更前、后客户是直系亲属的
情形二	变更前、后客户关系有合法有效的证明文件的（主要是针对个人、单位两者之间变更）
情形三	特殊情况下，由相关权限人批准同意办理的
情形四	客户名称变更需要提供的证明文件及手续：原客户提供的同意变更的书面文件（加盖印章），两者关系证明的书面文件，变更前、后客户的身份证明文件（单位客户需加盖公章）

客户名称可变更的情形

在符合上述条件并提供相关书面文件后，客户名称变更须由公司总经理或者公司授权指定人员审核，签字确认后，财务、销售相关岗位工作人员才能给予办理更名提车和开具机动车销售专用发票，如有违反，后果由当事人自行承担。

应了解的消费信贷知识

【要而言之】

汽车消费信贷即对申请购买轿车的借款人发放的人民币担保贷款,是银行与汽车销售商向购车者一次性支付车款所需的资金提供担保贷款,并联合保险、公证机构为购车者提供保险和公证。

【详细解读】

一、汽车消费信贷的方式

汽车消费信贷一般有以下三种方式。

1. 以车供车贷款

申请者如不愿或不能采取房屋抵押、有价证券质押的形式申请汽车消费贷款,并向保险公司购买履约保险,收到保险公司出具的履约保证保险承保确认书,便可到银行申请的消费贷款。

2. 住房抵押汽车消费贷款

以出契证的自由产权住房做抵押,提交有关申请材料,交齐首期款并办妥房产抵押登记手续,便可获得的汽车消费贷款。

3. 有价证券质押汽车消费贷款

以银行开具的定期本、外币存单和银行承销的国库券或其他有价证券等做质押,可以申请的汽车消费贷款。

二、汽车消费信贷的要求

汽车消费信贷的要求包括贷款条件、贷款额度、贷款期限、贷款利率和贷款程序等各方面的要求,具体如下。

1.贷款条件

汽车消费信贷可以个人的身份申请,也可以法人的身份申请,具体贷款条件如下图所示。

对个人
(1)年满18周岁,具有完全民事行为能力,在中国境内有固定住所的中国公民
(2)具有稳定的职业和经济收入,能保证按期偿还贷款本息
(3)在贷款银行开立储蓄存款户,并存入不少于规定数额的购车首期款
(4)能为购车贷款提供贷款银行认可的担保措施
(5)愿意接受贷款银行规定的其他条件

对法人
(1)具有偿还贷款能力
(2)能为购车贷款提供贷款银行认可的担保措施
(3)在贷款银行开立结算账户,并存入不低于规定数额的购车首期款
(4)愿意接受贷款银行规定的其他条件

申请汽车消费信贷的条件

2.贷款额度

借款人以国库券、金融债券、国家重点建设债券、本行出具个人存单质押的,或银行、保险公司提供连带责任保证的,首期付款额不得少于购车款的20%,借款额不得超过购车款的80%。以借款人或第三方不动产抵押申请贷款的,首期付款不得少于购车款的30%,借款额不得超过购车款的70%。以第三方保证方式申请贷款的(银行、保险公司除外),首期付款不得少于购车款的40%,借款额不得超过购车款的60%。

3.贷款期限

汽车消费信贷的期限最长不超过5年(含5年)。

4.贷款利率

贷款利率执行中国人民银行规定的同期贷款利率,并随利率调整一年一定。如遇国家在年度中调整利率,新签订的《汽车消费借款合同》按中国人民银行公布的利率水平执行。

5.贷款程序

客户咨询与资格初审;资格复审与银行初审;签订购车合同书;经销商与客户办理抵押登记手续及各类保险、公证;银行综审;车辆申领牌照与交付使用;档案管理。

在天堂门口,两个异国老太太相遇了。上帝让她们各自说出自己一生最高兴的事情。

"我攒了一辈子的钱,终于住了一天新房子,我这一辈子活得也不冤啊。"中国老太太高兴地说。

"我住了一辈子的房子,在我去世之前终于把买房子的贷款还清了"。美国老太太也高兴地说。

上帝叹了口气,说:"选择不同,效果也是不同的"。

点评

潜在的需求是一种存量资源,可以通过宣传加以引导。销售人员通过创造新的销售方式以获得消费者的认可,达到挖掘潜在需求的目的。

应了解的车辆保险知识

【要而言之】

车辆保险,即机动车辆保险,简称车险,也称作汽车保险。它是指对机动车辆由于自然灾害或意外事故所造成的人身伤亡或财产损失负赔偿责任的一种商业保险。

【详细解读】

一、车辆保险的构成

车辆保险是财产保险的一种,其构成如下图所示。

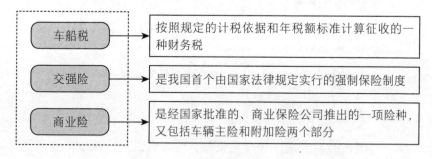

车辆保险的构成

1.交强险

交强险的全称是"机动车交通事故责任强制保险",是由保险公司对被保险机动车发生道路交通事故造成受害人(不包括本车人员和被保险人)的人身伤亡、财产损失,在责任限额内予以赔偿的强制性责任保险。

交强险实行全国统一收费标准，由国家统一规定，但是不同汽车型号的交强险价格也不同，主要影响因素是"汽车座位数"。

2.商业险

商业险包括车辆主险和附加险两个部分。

（1）车辆主险。车辆主险包括车辆损失险、第三者责任险、车上人员责任险、全车盗抢险，具体如下表所示。

车辆主险险种

序号	险种	具体说明
1	车辆损失险	车辆损失险是指保险车辆遭受保险责任范围内的自然灾害（不包括地震）或意外事故，造成保险车辆本身损失，保险人依据保险合同的规定给予赔偿
2	第三者责任险	对被保险人或其允许的合格驾驶人员在使用保险车辆过程中发生意外事故，致使第三者遭受人身伤亡或财产损坏，依法应由被保险人支付的金额，也由保险公司负责赔偿
3	车上人员责任险	指保险车辆发生意外事故导致车上的司机或乘客人员伤亡造成的费用损失，以及为减少损失而支付的必要合理的施救、保护费用，由保险公司承担赔偿责任
4	全车盗抢险	全车盗抢险的保险责任为全车被盗窃、被抢劫、被抢夺造成的车辆损失以及在被盗窃、被抢劫、被抢夺期间受到损坏或车上零部件、附属设备丢失需要修复的合理费用

（2）附加险。附加险是相对于主险（基本险）而言的，顾名思义是指附加在主险合同下的附加合同。它不可以单独投保，要购买附加险必须先购买主险。一般来说，附加险所交的保险费比较少，但它的存在是以主险存在为前提的，不能脱离主险，形成一个比较全面的险种。附加险险种具体如下表所示。

附加险险种

序号	险种	具体说明
1	玻璃单独破碎险	是指被保车辆的挡风玻璃和车窗玻璃（不包括车灯、车镜玻璃）出现破损的情况下保险公司才可以进行赔偿
2	车辆停驶损失险	因发生基本险条款所列的保险事故，造成车身损毁，致使车辆停驶，保险人按部分损失、全车损毁的规定，按保险单的约定赔偿限额承担赔偿责任
3	自燃损失险	在保险期间内，保险车辆在使用过程中，由于本车电路、线路、油路、供油系统、货物自身发生问题、机动车运转摩擦起火引起火灾，造成保险车辆的损失，以及被保险人在发生该保险事故时，为减少保险车辆损失而必须要支出的合理施救费用，保险公司会相应地进行赔偿
4	新增设备损失险	投保车辆发生了基本险条款所列的保险事故，造成车上新增加设备的直接损毁，保险人在保险单该项目所载明的保险金额内，按实际损失计算赔偿
5	车辆涉水险	车辆涉水险简称涉水险，全称车辆涉水行驶损失险，是专门针对因水淹导致的发动机损失进行赔偿的一个险种。只有购买了车辆涉水险的车主，在遇到涉水造成的发动机进水，引发故障时，才能得到保险公司的相应理赔
6	无过失责任险	投保车辆在使用过程中，因与非机动车辆、行人发生交通事故，造成对方人员伤亡和直接财产损毁，保险车辆一方不承担赔偿责任
7	车身划痕损失险	该险针对的是车身漆面的划痕，若碰撞痕迹明显，不但划有划痕，还有大凹坑，这就不属于划痕，属于车损险的理赔范围
8	不计免赔率特约险	只有在同时投保了车辆损失险和第三者责任险的基础上方可投保本保险。办了本保险后，车辆发生车辆损失险及第三者责任险方面的损失，全部由保险公司赔偿

第一章
应掌握的专业知识

交强险和商业险的区别

交强险和商业险的区别如下表所示。

交强险和商业险的区别

序号	主要区别	具体说明
1	赔偿的原则不同	根据《中华人民共和国道路交通安全法》的规定,对机动车发生交通事故造成人身伤亡、财产损失的,由保险公司在交强险责任限额范围内予以赔偿。而商业险中,保险公司是根据投保人或者被保险人在交通事故中应负的责任来确定赔偿责任
2	保障的范围不同	交强险的保障范围广,商业险的保障范围相对狭窄。发生保险事故时,交强险不仅承担被保险人有责任时依法应由被保险人承担的损害赔偿责任,而且要承担被保险人无责任时其相应的损害赔偿责任。而商业险在被保险人无责任或者无过错的情况下,保险人不承担赔偿责任。另外,在商业险条款的"责任免除"项下还列明了许多保险人不承担赔偿的情形
3	具有的强制性不同	根据《机动车交通事故责任强制保险条例》的规定,机动车的所有人或管理人都应当投保交强险。同时,保险公司不能拒绝承保、不得拖延承保和不得随意解除合同。而商业险不具有强制性,投保人与保险公司在自愿、平等的条件下订立保险合同
4	保险费率的不同	根据《机动车交通事故责任强制保险条例》的规定,交强险实行全国统一的保险条款和基础费率,中国银行保险监督管理委员会按照交强险业务总体上"不盈利不亏损"的原则审批费率。而商业险是以营利为目的,保险费率也比较高。商业险的保费取决于很多因素,如保险金额、车型、车龄等
5	赔偿的限额不同	交强险实行分项责任限额。交强险合同约定对每次事故在一定项目下的赔偿限额内负责赔偿,如死亡伤残赔偿限额为11万元,医疗费用赔偿限额为10000元,财产损失赔偿限额为2000元。商业险的赔偿限额可由被保险人在5万~100万元或者以上中选择,远远高于交强险

二、车辆保险的保险金额

车辆保险的保险金额主要指针对车辆损失险及其附加险而言。车辆损失险保险金额的确定是以保险车辆的价值为依据的，具体标准主要包括下图所示的三项。

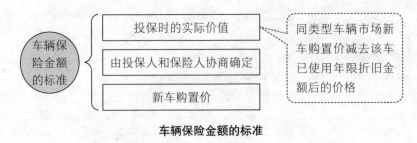

车辆保险金额的标准

三、交强险责任限额

在中华人民共和国境内（不含香港、澳门、台湾地区），被保险人在使用被保险机动车过程中发生交通事故，致使受害人遭受人身伤亡或者财产损失，依法应当由被保险人承担的损害赔偿责任，保险人按照交强险合同的约定对每次事故在下列赔偿限额内负责赔偿，具体如下图所示。

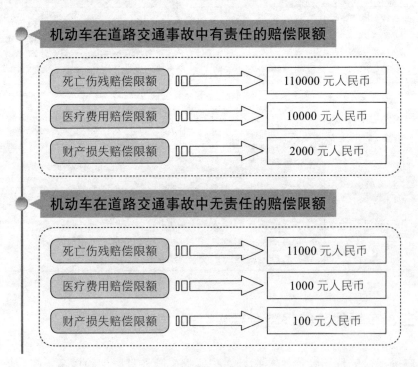

交强险责任限额

应了解的消费心理知识

【要而言之】

汽车销售顾问应适时了解客户（包括潜在客户）的消费心理、消费层次及对其家居环境布置的基本要求。

【详细解读】

一、求实心理

消费者在选购产品时，不太追求时尚流行，只要美观大方，适合自己风格需求，注重品质实用，其动机的核心就是"实用"和"实惠"。

主要消费对象：家庭主妇和一般收入者。

二、求新心理

消费者在选购产品时特别追求款式和流行样式，追逐新潮。对于产品是否经久耐用，价格是否合理，从来不太在意，其动机的核心是"时髦"和"奇特"。

主要消费对象：追求时髦的青年男女。

三、求廉心理

消费者在选购产品时，特别计较产品的价格，喜欢物美价廉或特价处理的产品，其动机的核心是"便宜"和"低档"。

主要消费对象：低收入阶层。

四、攀比心理

消费者在选购产品时，根本不是由于急需或必要，而是凭感情的冲动，存在着偶然性的因素，其动机的核心是争奇斗艳。

五、个性化心理

消费者在选购产品时，根据自己的生活习惯和爱好，倾向性很强，行为比较理智，可以说是"胸有成竹"，并具有经常和持续性的特点，其动机核心就是"单一"和"个性化"。

主要消费对象：某一方面的爱好者。

六、从众心理

顾客往往有一种误识，总认为众人买的必定是好货。所以"一窝蜂"现象的根源就在于从众心理。

女性在购物时最容易受别人的影响，例如许多人正在抢购某种产品，她们也极可能加入抢购者的行列，或者平常就特别留心观察别人，别人说好的，她很可能就下定决心购买；别人若说不好，则很可能就不买。

七、情感心理

一般来说，女性比男性具有更强的情感性。女性的购物行为很容易受直观感觉和情感的影响，例如清新的广告、鲜艳的包装、新颖的式样、感人的气氛等，都能引起女性的好奇，激起她们强烈的购买欲望。

第二章
应具备的职业素质

导言

不同的职业对从业人员的素质要求有所不同,汽车销售顾问也不例外。要想成为一名优秀的销售顾问,应具备相应的职业素质,包括规范的着装礼仪、标准的职业礼仪、良好的职业心态等。

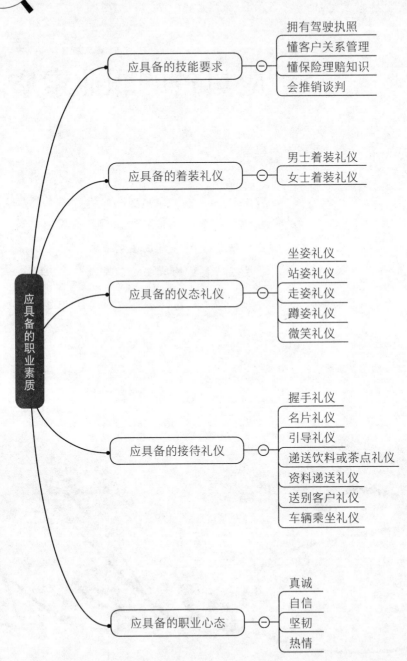

应具备的技能要求

【要而言之】

对于汽车销售顾问来说，除了要了解和掌握有本行业有关的专业知识外，还应具备一定的技能，才能胜任这份工作。

【详细解读】

一、拥有驾驶执照

作为汽车销售顾问，需要陪同客户试乘试驾，因此必须有驾驶执照。汽车销售顾问会驾驶还可以在为客户介绍的过程中更加具体地为客户推介。

二、懂客户关系管理

客户关系管理是汽车销售顾问的重要工作，其中主要包括客户开发、电话回访、提高客户满意度、客户抱怨处理等。掌握客户关系管理能力是销售顾问开发和维护客户的有力保障。

三、懂保险理赔知识

客户购车后一般都需要办理保险事宜，汽车销售顾问需要向客户介绍和办理保险理赔，因此汽车销售顾问要掌握汽车保险办理和理赔服务流程，了解保险和理赔的相关知识。

四、会推销谈判

汽车销售顾问要最终实现产品的销售,必须掌握和运用一些基本的推销方法和谈判技巧。

优秀汽车销售员应具备的能力

要成为汽车行业专业的销售顾问,应该具备以下六个方面专业能力。

一、比领导更了解自己的公司

顾客确定了品牌和车型之后,同时更会关注将要合作的公司的具体情况,如这家公司是什么样的、实力如何、是不是值得他们依赖、会存在多长时间、未来会得到哪些保障等问题。对于这些问题的判断,顾客除了直接询问进行了解外,还会根据外部调查的情况进行佐证。通常情况,顾客会通过与销售人员的接触和交谈了解此家公司。因此,销售人员对自己所在企业的了解和好感会直接影响到顾客的决策。

此时,如果汽车销售顾问对公司的成长历史、现在所取得的成就、未来的发展远景、公司的文化等方面有清晰的认识,会更容易赢得顾客的信赖。只有通过对企业发展前景的描绘增强客户的购买信心,同时,通过对公司热爱、对公司领导敬佩等方面真实情感的表露,让顾客感觉到这是一家说到做到、有良好企业文化和发展前景的公司,会促使他们尽快做出购买决定。

二、比竞争对手更了解竞争对手

知己知彼方能百战不殆,这是孙子兵法阐述的兵家制胜原则,也是商战中必须把握的原则。这里,结合所销售的汽车产品,应从以下几个方面了解竞争对手的情况。

(1)品牌优势:包括品牌历史、品牌知名度和影响力、品牌给予顾客的附加价值等。

(2)产品优势:产品的技术特点、性能水平、重要差别、同类产品销售情况、相对的优缺点等。

（3）销售商：竞争对手的企业情况、人员情况、企业文化、客户的评价等。

（4）特殊销售政策。

一般情况下，顾客在选购汽车产品的时候，会要求销售人员对同类产品进行比较，此时如果销售人员不清楚竞争产品与竞争商家的情况，很难向顾客阐明自己的销售主张、影响他们决策。当顾客要求对竞争对手进行评价时，销售人员切忌提出负面的评价，这是专业销售基本的常识，但也不能对竞争产品倍加赞赏。从消费的心理看，如果销售人员按照顾客的要求说明竞争对手的劣势时，顾客会从心理上拉大与销售人员的距离，不利于打消顾客的疑虑。特别是当销售人员对顾客已经认同的竞争对手、竞争产品进行评价时，所起到的负面作用更加明显，因而，销售中的一大禁区就是任何销售人员绝对不要去说竞争对手的坏话，必须运用化解顾客异议的技巧有效地处理这方面的问题。

三、比客户更了解客户

如果销售人员问客户："您了解自己的需求吗？"顾客一定会告诉你："这还要问吗？当然是我最了解自己。"事实则不然，在实际的汽车销售中发现，有相当一部分顾客，特别是对汽车产品极不专业的顾客，当你问他需要选购什么样的汽车产品时，他会提出一些不相关甚至是不切实际的要求。的确，顾客从萌发购车的欲望到最终完成购买，会经历一个相对漫长的过程，会有"初期的羡慕""心动""想要"到"需要"这样一个需求变化的过程，在前三个阶段中，他们只是一种想法而已，并不可能落实到行动上。此时，销售人员要做的工作就是如何让这个过程缩短、加速顾客购买心理的变化，抢在竞争对手之前让顾客的需求与欲望明确化，最终达到销售的目标。要实现这种变化，销售人员需要掌握能够透视顾客心理、找到顾客需求的方法。最终要做到的是，销售人员要比顾客对他自己的了解还要深入、还要准确。

四、比汽车设计师更了解汽车

汽车销售最大的难点是每位销售人员必须对自己所销售的汽车产品有一个全面、深入的了解，对竞争品牌的产品有深入的认识，非常熟悉汽车相关的专业知识。

大家知道，现在国内已经上市的汽车品牌已经上百个，加上每个品牌下的不同规格和型号，销售人员要面对的汽车产品不胜枚举。这样，对于任何一个销售人员，花在产品认识上的时间与精力就比做其他的产品销售要多得多。如果对自己的销售工作没有一个正确的认识，是不可能花大量的时间去进行这方面研究的，也就会一知半解。

从顾客的决策过程看，他们在决定购买前，一定会要求所接触的销售人员对他们提出的相关汽车专业方面的问题给予一个满意的答复，如果有一点他们不认可，就会让整个销售工作前功尽弃。所以，丰富的产品专业知识是汽车销售最核心的问题。

五、比客户的知识面更广

汽车消费顾客是各种各样的，他们的职业经历、职业背景、专业特征各不相同，与他们交流时必须因人而异，必须根据他们的特征有针对性地做出处理。市场营销知识可以帮助销售人员面对复杂的市场情况，企业管理知识利于销售人员与高层次的顾客建立同感，财务知识可以帮助顾客提高投资效率、降低购买成本。只是有些销售人员由于对自己的职业目标不清晰，不愿意去拓展自己的知识领域。成功的汽车销售顾问最重要的是具备全面的知识，在汽车专业上有自己独到的见解，建立顾客信任度，帮助顾客建立倾向于自己所销售汽车产品的评价体系与评价标准。

六、能够帮助客户投资理财

汽车消费中有相当一部分是家庭消费投资，对于这类顾客，他们手中的资金有限，如何有效利用有限的资金达成更高的购买目标是他们关心的共同话题。如果销售人员具备一些投资理财方面的知识，提供一些这方面的技巧，将会在消费者购车的过程中帮助他们选择到适合自己的车型、支付的金额、付款的方式，协助顾客以有效的投资组合方式获得多方面的投资效益。

如果汽车销售顾问具备这六个方面的业务能力，并在销售过程中注意每个细节，全心全意为顾客服务，就能在销售工作中拥有绝对出色的表现。

销售语录

成功激发客户的习惯性心理定式，是主动成交能够获得成功的关键。

第二章
应具备的职业素质

应具备的着装礼仪

【要而言之】

作为一名销售人员，要直接和形形色色的客户打交道，第一印象的重要性不言而喻。在开头的两分钟，客户已经通过观察你的着装，决定了是否留下来听你介绍产品。因此，汽车销售顾问必须懂得如何着装。

【详细解读】

一、男士着装礼仪

在大多数情况下，汽车销售顾问的工作环境是在4S店展厅里，所以在工作中男士以穿着西装、衬衣并打领带为主。

1.西装的着装要求

一般来说，西装的着装要求如右图所示。

眼镜　佩戴适合脸型的眼镜
衬衫　干净、整洁，纽扣无短缺
正装　干净、整洁
上衣口袋　不要放笔或梳子
口袋　不要放太多的杂物
手表　佩戴与身份相符的手表
裤带　要系与服装、皮鞋搭配的颜色
裤子　干净、整洁，熨出裤线
鞋　搭配得体的正装皮鞋

西装的着装要求

2.西装着装注意事项

根据西装礼仪的基本要求，商界男士在穿西装时，务必要特别注意下图所示七个方面的西装的具体穿法问题。

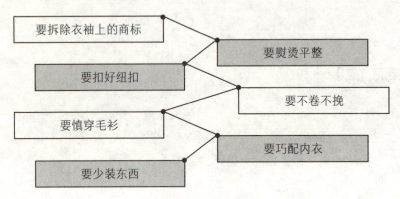

男士西装着装注意事项

3.鞋袜搭配注意事项

鞋袜是着装的细节，但是细节可以决定成败。汽车销售顾问在搭配鞋袜时应注意以下几点。

（1）鞋袜搭配平衡，两者都不要太华丽。

（2）选择素雅、深色的袜子，避免穿白袜子，因为它很可能分散客户的注意力。

（3）皮鞋应该保持清洁、光亮、无破损并符合工作要求。

（4）鞋底与鞋面同样保持清洁，不要留有碰擦损痕。

（5）鞋面的颜色应该与西服相互匹配。

（6）鞋上不小心粘上的泥土要及时清理，否则会让客户降低对你的好感。

二、女士着装礼仪

对于汽车4S店的女性销售顾问来说，着装是以职业套装为主。

1.职业套装的着装要求

规范穿着职业服装的要求是整齐、清洁、挺括、大方，具体如下图所示。

第二章
应具备的职业素质

整齐 ☞	服装必须合身,袖长至手腕,裤长至脚面,裙长过膝盖,尤其是内衣不能外露;衬衫的领围以插入一指大小为宜,裤裙的腰围以插入五指为宜。不挽袖,不卷裤,不漏扣,不掉扣;领带、领结、飘带与衬衫领口的吻合要紧凑且不系歪;工号牌或标志牌要佩戴在左胸正上方
清洁 ☞	衣裤无污垢、无油渍、无异味,领口与袖口处尤其要保持干净
挺括 ☞	衣裤不起皱,穿前要烫平,穿后要挂好,做到上衣平整、裤线笔挺
大方 ☞	款式简练、高雅,线条自然流畅,便于岗位接待服务

职业套装的着装要求

2.袜子的搭配

穿裙装的女士,要注意袜子的搭配,应注意以下几个细节。

(1)穿裙子时,应配穿长筒或连裤丝袜。

(2)颜色以肉色、黑色为宜,且袜口不得短于裙摆边。

(3)袜子是女性腿部的"时装",要注意不能穿着挑丝、有洞或补过的袜子外出。

(4)袜子的大小和松紧要合适,不要走不了几步就往下掉,或显得一高一低。

小提示 女士要注意随时捡走落在身上的头发,以保持清爽。可以在随身包里备一双丝袜,以备不时之需。

应具备的仪态礼仪

【要而言之】▶▶▶

仪态是指销售顾问在与客户交往中的正确得体的姿态、举止，包括身体姿态、神态表情、动作举止。仪态体现了一个人的风度和修养，是表现个人魅力的重要方面。

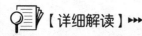

一、坐姿礼仪

汽车销售顾问到客户处拜访时，千万不要太随便地就坐下，因为这样不但不会让客户觉得亲切，反而会觉得你不够礼貌。即使是在自己家里，虽然可以随意一些，但也需要注意自己的举止形象，以表示对客人的尊重。

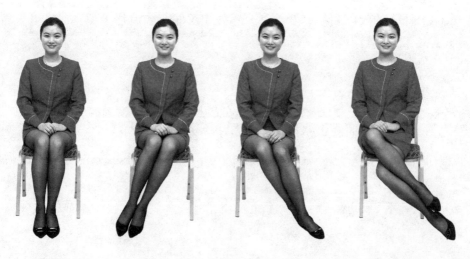

标准坐姿

第二章
应具备的职业素质

1. 入座

（1）入座要轻、稳、缓。走到座位前，转身后轻稳地坐下。

（2）女子入座时，若穿裙装，应用手将裙子稍稍拢一下，不要坐下后再拉拽衣裙，那样不优雅。

（3）如果椅子位置不合适，需要挪动椅子的位置时，应当先把椅子移至欲就座处，然后入座。

（4）入座时，神态从容自如，嘴唇微闭，下颌微收，面容平和自然。

（5）正式场合一般从椅子的左边入座，离座时也要从椅子左边离开，这是一种礼貌。

（6）待坐在椅子上再移动位置，是有违社交礼仪的。

2. 坐后

（1）不要频繁转换姿势，也不要东张西望。

（2）双肩平正放松，两臂自然弯曲放在腿上，也可放在椅子或是沙发扶手上，以自然得体为宜，掌心向下。

（3）坐在椅子上，要立腰、挺胸，上体自然挺直，不东倒西歪。

（4）双膝自然并拢，两腿不要分得过开，两脚应平落在地上，而不应高高地跷起来摇晃或抖动，那样会显得粗俗和傲慢。

（5）坐在椅子上，应至少坐满椅子的2/3，宽座沙发则至少坐1/2。

（6）与客户交谈时，勿以双臂交叉放于胸前且身体后仰，因为这样可能会给人一种漫不经心的感觉。正确的做法是，根据交谈者方位，将上体双膝侧转向交谈者，上身仍保持挺直。

小提示　落座后至少10分钟左右时间不要靠椅背。时间久了，可轻靠椅背。

3. 起座

端庄稳重，右脚向后收半步，而后站起。避免猛起猛坐，以免碰得桌椅乱响，或带翻桌上的茶具和物品，令人尴尬。

二、站姿礼仪

站姿是衡量一个人外表乃至精神的重要标准。优美的站姿是保持良好体型的秘诀。从一个人的站姿,人们可以看出他的精神状态、品质和修养及健康状况。

标准站姿

对于汽车销售顾问来说,其站姿礼仪要求如下图所示。

- 头正,双目平视,嘴角微闭,下颌微收,面容平和自然
- 双肩放松,稍向下沉,人有向上的感觉
- 身体保持平衡,躯干挺直,挺胸,收腹,立腰
- 双臂自然下垂于身体两侧,中指贴拢裤缝,两手放松
- 双腿立直、并拢,脚跟相靠,身体重心落于两脚正中
- 男士双脚与肩同宽,身体平稳;女士双脚呈小外八字形或V字形

站姿礼仪要求

小提示　汽车销售顾问在站立时忌讳歪脖、斜腰、挺腹、含胸、抖脚、重心不稳、两手插兜等不雅的姿势。

三、走姿礼仪

走姿是一种动态的姿势,是立姿的一种延续,走姿可以展现人的动态美。在日常生活或公众场合中,走路都是浅显易懂的肢体语言,它能够将一个人的韵味和风度表现出来。

标准走姿

汽车销售顾问的走姿要求,主要包括以下几点。

(1)双目向前平视,微收下颌,面容平和自然,不左顾右盼,不回头张望,不盯住行人乱打量。

(2)双肩平稳、肩峰稍后张,大臂带动小臂自然前后摆动,肩勿摇晃;前摆时,手不要超过衣扣垂直线,肘关节微屈约30度,掌心向内,勿甩小臂,后摆时勿甩手腕。

(3)上身自然挺拔,头正、挺胸、收腹、立腰,重心稍向前倾。

（4）行走时，假设下方有条直线，男士两脚跟交替踩在直线上，脚跟先着地，然后迅速过渡到前脚掌，脚尖略向外，距离直线约5厘米；女士则应采用"一字步"走姿，即两腿交替迈步，两脚交替踏在直线上。

（5）男性步幅（前后脚之间的距离）约25厘米，步伐频率每分钟约100步；女性步幅约20厘米，或者说前脚的脚跟与后脚尖相距约为一脚长，步伐频率约每分钟90步。

步幅与服饰也有关，如女士穿裙装时步幅应小些，穿长裤时步幅可大些。

（6）跨出的步子应是脚跟先着地，然后全部脚掌着地，膝和脚腕不可过于僵直，应该富有弹性，膝盖要尽量绷直，双臂应自然轻松摆动，使步伐因有韵律节奏感而显优美柔韧。

（7）行走时不可把手插进衣兜里，尤其不可插在裤兜里。

四、蹲姿礼仪

相对而言，站姿、坐姿及走姿适用于职业场合和正式场合，而蹲姿一般适用于休闲场合和部分职业场合。

1. 基本蹲姿

日常工作中，当我们要俯身捡起掉落在地上的东西时，就要采取蹲姿。但如果蹲无"蹲相"，随便弯腰，臀部后撅，上身前倾，袒胸露背，显得既不雅观，也不礼貌。与站姿、坐姿和走姿一样，蹲姿也有礼仪的要求。

基本的蹲姿要求如下。

（1）下蹲拾物时，应自然、得体、大方，不遮遮掩掩。

（2）下蹲时，两腿合力支撑身体，避免滑倒。

（3）下蹲时，应使头、胸、膝关节在一个角度上，使蹲姿优美。

（4）女士无论采用哪种蹲姿，都要将腿靠紧，臀部向下。

2. 不同的蹲姿方式

（1）高低式蹲姿。男性在选用这一方式时往往更为方便，女士也可选用这种蹲姿。

高低式蹲姿

这种蹲姿的要求是，下蹲时，双腿不并排在一起，而是左脚在前，右脚稍后。左脚应完全着地，小腿基本上垂直于地面；右脚则应脚掌着地，脚跟提起。此刻右膝须低于左膝，右膝内侧可靠于左小腿内侧，形成左膝高、右膝低的姿态。臀部向下，基本上用右腿支撑身体。女性应靠紧双腿，男性则可以适度分开。

（2）交叉式蹲姿。交叉式蹲姿通常适用于女性，尤其是穿短裙的人员，它的特点是造型优美典雅。其特征是蹲下后以腿交叉在一起。

这种蹲姿的要求是，下蹲时，右脚在前，左脚在后，右小腿垂直于地面，全脚着地，右腿在上，左腿在下，两者交叉重叠；左膝由后下方伸向右侧，左脚跟抬起，并且脚掌着地；两脚前后靠近，合力支撑身体；上身略向前倾，臀部朝下。

交叉式蹲姿

五、微笑礼仪

微笑礼仪

作为一名销售人员，必须在生活中有意识地去练习微笑。微笑本身与个性的内向和外向无关，只要肯去训练，任何人都能拥有迷人的微笑。

微笑的美在于文雅、适度、亲切自然，符合礼仪规范。微笑要诚恳和发自内心，做到"诚于中而形于外"，切不可故作笑颜，假意奉承。

销售人员在销售交际中要时刻保持微笑，应注意以下几点。

（1）和客户第一次接触时，脸上有灿烂的微笑往往能够让客户放松戒备。没有什么人会拒绝笑脸迎人的销售人员；相反人们只会拒绝满脸阴沉，显得十分专业的销售人员。

（2）在处理客户异议的时候，脸上同样要挂着微笑。因为此刻的微笑代表销售人员的自信，自信有能力圆满地解决问题，自信能够让客户满意。

（3）当对顾客要求表示拒绝时，脸上同样要有微笑。此刻的微笑表示销售人员很认同客户的观点，但是确实无能为力，还希望客户能够体谅。

（4）当达成交易后与客户道别时，脸上还是要有微笑。此刻的微笑表示销售人员十分感谢客户的购买，对商谈的结果十分满意。

（5）当未达成交易和客户道别时，脸上理所当然地也要有微笑。此刻的微笑表示虽然没有达成交易有些遗憾，但友谊已经建立，以后肯定还有合作的机会。

小提示：在销售的过程中，无论遇到什么样的情况，你要始终把微笑挂在脸上。微笑是销售的一种礼仪，也是成功销售人员必须练就的基本功。

应具备的接待礼仪

【要而言之】

销售人员在和客人交往的过程中,做好服务的第一步就是接待。这就要求销售顾问掌握一定的接待礼仪常识。

【详细解读】

一、握手礼仪

握手礼是商务活动中唯一得体的身体接触,但真正做得正确并且利用这个普通的礼仪达到良好交际效果的人并不多见,因此我们有必要细致地研究它的每一个环节,使握手礼仪真正成为友谊的开始。

握手礼仪

1.握手的次序

(1)男女之间,男方要等女方先伸手后才能握手。

(2)宾主之间,主人应向客人先伸手,以示欢迎。

(3)长幼之间,年幼的要等年长的先伸手。

(4)上下级之间,下级要等上级先伸手,以示尊重。

2.握手的注意要点

(1)握手时,对方伸出手后,应该迅速地迎上去。握手的时候最应该避免的是很多人互相地交叉握手，还要避免上下过分地摇动。

（2）握手时间一般在2～3秒或4～5秒之间为宜。握手力度不宜过猛或毫无力度。要注视对方并面带微笑。

小提示

与人握手时，感觉不好意思，动作很轻，会让人觉得这个人比较害羞、胆小；为了表示热情，紧紧握住客户的手不放，会显得非常没有礼貌；握手的时候眼睛看着地面或者别的地方，这些都是不正确的礼仪。

二、名片礼仪

名片是汽车销售顾问的一种很重要的销售工具，是自己（或公司）的一种表现形式，使用的名片通常包含两个方面的意义，一是标明你所在的公司，二是表明你的职务、姓名及承担的责任。

名片礼仪

1.名片准备

汽车销售顾问在准备名片时，需要注意的事项具体如下图所示。

1	名片不要和钱包、笔记本等放在一起，原则上应该使用名片夹
2	名片可放在上衣兜内（但不可放在裤兜内）
3	保持名片或名片夹的清洁、平整

名片准备注意事项

2.接受名片

汽车销售顾问在接受名片时，一定要注意以下事项。

（1）必须起身接收名片。

（2）应用双手接收。

（3）接收的名片不可来回摆弄。

（4）接过客户名片后应点头致谢。

（5）不要将对方的名片遗忘在座位上，或存放时不注意落在地上。

小提示

接受名片后不要立即收起来，也不应随意玩弄和摆放，而是应认真读一遍，要注意对方的名字、职务、职称，并轻读不出声，以示敬重。

3.递送名片

汽车销售顾问在递送名片时，需要注意以下事项。

（1）递名片的次序是由下级或访问方先递名片，如果是介绍时，应由先被介绍方递名片。

（2）名片的正面应对着对方，名字向着客户，最好拿名片的下端或一角，让客户容易接收，并可以迅速阅读名片上的信息。

（3）保持中速，不可过快；要用双手，并且要拿名片的角位，自然地从胸前递向对方，让客户在接收名片时感受到你对他的尊重。

小提示

千万不可以将名片直接放在桌子上推向对方。在递送名片时，应配合自我介绍，防止手动嘴不动，应说些"请多关照""请多指教"之类的寒暄语。

4.互换名片

汽车销售顾问在互换名片时，需要注意下图所示的事项。

1	用右手拿着自己的名片，用左手接对方的名片后，用双手托住
2	看清名片上的内容
3	遇到难认字，可当场询问
4	如遇到多人相互交换名片时，可按对方座次排列名片

互换名片的注意事项

三、引导礼仪

引导礼仪主要包括引导位置、引导手势、引导语言三要素。

1.引导位置

引导人员应站在来宾的左前方，距来宾0.5～1.5米，传达"以右为尊、以客为尊"的理念。来宾人数越多，引导的距离也应该越远，以免照顾不周。

2.引导手势

常用的引导手势有以下四种。

（1）横摆式。即手臂向外侧横向摆动，指尖指向被引导或指示的方向，适用于指示方向时。

以右手为例：将五指伸直并拢，手心不要凹陷，手与地面呈45度角，手心向斜上方。腕关节微屈，腕关节要低于肘关节。动作时，手从腹前抬起，至横膈膜处，然后，以肘关节为轴向右摆动，到身体右侧稍前的地方停住。同时，双脚形成右丁字步，左手下垂，目视来宾，面带微笑。这是在门的入口处常用的谦让礼的姿势。

横摆式引导手势

（2）直臂式。手臂向外侧横向摆动，指尖指向前方，手臂抬至肩高，适用于指示物品所在。

以右手为例：五指伸直并拢，屈肘由腹前抬起，手臂的高度与肩同高，肘关节伸直，再向要行进的方向伸出前臂。在指引方向时，身体要侧向来宾，眼睛要兼顾所指方向和来宾，直到来宾表示已清楚了方向，再把手臂放下，向后退一步，施礼并说"请您走好"等礼貌用语。

直臂式引导手势

曲臂式引导手势

（3）曲臂式。手臂弯曲，由体侧向体前摆动，手臂高度在胸以下，适用于请人进门时。当一只手拿着东西，扶着电梯门或房门，同时要做出"请"的手势时，可采用曲臂手势。

以右手为例：五指伸直并拢，从身体的侧前方向上抬起，至上臂离开身体的高度，然后以肘关节为轴，手臂由体侧向体前摆动，摆到手与身体相距约20厘米处停止，面向右侧，目视来宾。

（4）斜臂式。手臂由上向下斜伸摆动，适用于请人入座时。请来宾入座时，手势要斜向下方。首先用双手将椅子向后拉开，然后一只手曲臂由前抬起，再以肘关节为轴，前臂由上向下摆动，使手臂向下成一斜线，并微笑点头示意来宾。

3.引导语言

要有明确而规范的引导语言，多用敬语"您好""请"，以表达对来宾的尊重。

斜臂式引导手势

四、递送饮料或茶点礼仪

汽车销售顾问在给客户递送饮料或茶点时,要注意以下礼仪。

(1)首先告知客户可选择的饮料品种,并询问客户的需求。

(2)饮料不宜装得太满,使用托盘递送饮料,托盘的高度至胸前为宜,手指不要碰到杯沿。

(3)客户众多时应按逆时针方向将饮料放于客户右手边。

(4)随时注意客户饮料是否需要添加,但不要在交谈的关键时刻添加饮料。

五、资料递送礼仪

汽车销售顾问在向客户递送资料时,要注意以下礼仪。

(1)资料正面面对接收人,用双手递送,并对资料内容进行简单说明。

(2)如果是在桌上,切忌将资料推到客户面前。

(3)如果有必要,帮助客户找到其关心的页面,并做引导。

比如,"这是×××资料,请您过目。""我现在就您关心的内容给您做个介绍,您看可以吗?"

六、送别客户礼仪

汽车销售顾问在送别客户时,要注意下图所示的礼仪。

- 握手致意,感谢光临,并欢迎再次来店
- 提醒客户不要遗忘物品
- 送至展厅外,如客户开车前来要送至车前,为客户打开车门
- 告知客户离去的路线
- 微笑,挥手送别,直至客户从视线中消失

送别客户礼仪

七、车辆乘坐礼仪

汽车销售顾问在乘坐车辆时,应注意以下礼仪。

1. 开车门

(1)用右手为对方打开车门,左手放于门楣下端,以免对方进入车辆时头部碰撞。
(2)对方进入车内并确认坐好后,轻轻关闭车门,不可用力过大。
(3)从车前绕过,进入驾驶位。
(4)提醒对方系好安全带。

2. 下车礼仪

(1)停稳车后,从车前端绕至客户座位边,轻轻打开车门,将手悬于客户头部上方,避免客户头部碰撞。
(2)待客户下车后,轻轻关闭车门。

3. 乘坐位置

(1)了解尊卑次序同时尊重客人习惯。
(2)有时司机后右侧为上位,后左侧为次位,后排中间为第三位,副驾驶位为第四位。
(3)主人开车时,驾驶座旁为上位。
(4)九人座车以司机右后侧为第一位,再左再右,以前后为序。
(5)为客户及女士开车门。

挖好一个"陷阱",让客户自觉自愿地跳下去,而且客户始终感觉是一件很愉快的事情。

应具备的职业心态

【要而言之】

汽车产品是一个复杂而特别的商品,由于其结构复杂、技术含量高,因而汽车产品的销售成为一个专业性极强的工作,其特点是销售周期长、销售难度大,顾客要求高,并非每一个销售人员都能够胜任此项工作。因此,就需要汽车销售顾问具有良好的职业心态。

【详细解读】

一、真诚

态度是决定一个人做事能否成功的基本要求,作为一个销售人员,必须抱着一颗真诚的心,诚恳地对待客户,对待同事,只有这样,别人才会尊重你,把你当作朋友,才愿意与你打交道。

二、自信

信心是一种力量,要对自己有信心,要能够看到公司和自己产品的优势,并把这些熟记于心。要和对手竞争,就要有自己的优势,就要用一种必胜的信念去面对客户和消费者。作为销售人员,不仅是在销售商品,也是在"销售"自己,客户接受了你,才会接受你的商品。

三、坚韧

销售工作实际是很辛苦的,这就要求销售人员要具有吃苦、坚持不懈的韧性。销售工作需要不断地去拜访客户，去协调客户，甚至跟踪消费者提供服务，销售工作绝不是一帆风顺，会遇到很多困难，但要有解决问题的耐心，要有百折不挠的精神。

四、热情

热情是具有感染力的一种情感，它能够带动周围的人去关注某些事情。当你很热情地去和客户交流时，你的客户也会"投之以李，报之以桃"，也许，你的热情就促会成一笔新的交易。

休闲小吧

某鞋业公司想拓展非洲市场，于是派了两个业务员去非洲进行考察，业务员A去了之后，皱着眉头回来报告说："太糟糕了，我发觉非洲的人都没有穿鞋的习惯，看来这个市场我们不能进，因为根本没有鞋的市场！"业务员B去了之后，眉开眼笑回来报告说："太棒了，我发觉非洲人都还没穿上鞋，只要稍加引导，这个市场无限大！"最终公司采用了业务员B的意见，并派遣业务员B到非洲开拓市场，经过有效地推广和经营，非洲成为该鞋公司最大份额的市场。

点评

事物都有两面性，优秀的销售人员永远会关注积极的方面，也是这份乐观与自信，他总能找到机会，并把握机会。而差劲的销售人员永远关注负面的因素，所以即使机会与希望摆在眼前，也会白白流失掉；相信未必成功，但不相信的背后一定是失败。优秀的销售人员，绝对不会为低落的销售找借口，更不会把这种消极的情绪在团队里"糜烂"，而是在有限的条件下，通过有效的方法的改变，化腐朽为神奇，创造新的销售增长点。

第三章
客户开发与接待技巧

导言

　　有效的潜在客户开发工作可以使更多的客户来到展厅，进而创造更多的销售机会。对于来到展厅的顾客，要做好接待工作，与他们建立融洽的关系与初步的信任，为达成交易做准备。

销售冠军成长记系列

本章导视图

客户开发与接待技巧
- 潜在客户评估法则
  - 通过"M"来评估客户
  - 通过"A"来评估客户
  - 通过"N"来评估客户
  - 运用MAN法则的策略
- 潜在客户开发途径
  - 梳理认识的人脉
  - 从自己所在门店获取名单
  - 从门店举办的活动中获取信息
  - 从"有车一族"中挖掘潜在客户
  - 从门店咨询电话中分拣信息
  - 从同事处获取信息
  - 与同行协助互补
  - ……
- 借助微信开发客户
  - 完善个人信息
  - 巧发朋友圈
- 线上直播吸引客户
  - 扩散直播信息
  - 确定直播内容
  - 借短视频吸引客流
- 与潜在客户的接触
  - 明确各个要素
  - 要有耐心和毅力
  - 把握与客户见面的时间
  - 与客户见面时的技巧
  - 与潜在客户沟通的技巧
  - 与客户接触的话术技巧
- 来电客户接待要点
  - 电话接听的要求
  - 接听电话的注意事项
- 展厅客户接待服务
  - 客户进入展厅时的接待
  - 客户要求自行看车或随便看看时
  - 客户需要帮助时
  - 客户在洽谈区时
  - 客户离开时
  - 客户离去以后
  - 展厅接待话术技巧
- 了解分析客户需求
  - 提问
  - 倾听
  - 观察
  - 调整
  - 提供建议
  - 分析客户需求的话术技巧

潜在客户评估法则

【要而言之】

对于潜在客户的评估,可采用MAN法则,即Money(购买力)、Authority(决策权)、Need(购买需求)的简称。

【详细解读】

一、通过"M"来评估客户

汽车销售顾问首先需要考虑的是客户是否有购买力,是否具有消费此类产品或服务的经济能力。

但是,想要准确判断客户是否具有购买力并不是一件简单的事情。汽车销售顾问切记不可以仅从外表来对客户的经济能力进行判断。销售顾问对客户的购买力判断如下表所示。

对客户的购买力判断

序号	客户类型	判断依据
1	企业客户	(1)企业规模 (2)生产条件 (3)经营状况 (4)上级单位 (5)相关知情人士
2	个人客户	(1)居住条件 (2)职业状况 (3)供职企业 (4)薪资水平

二、通过"A"来评估客户

汽车销售顾问需要注意你所极力说服的对象是否有购买决策权，否则，可能只是徒劳。要想成功地销售，其关键是准确地了解真正的购买决策人。一般决策权由家庭购车决策权、决策周期及购车差异三点因素决定，具体如下表所示。

确定决策权的三点因素

序号	因素	具体描述
1	家庭购车决策权	在家庭购车中，决策权大部分掌握在男人手里。但是，未来女性决策权的走势被看好
2	决策周期	据调查，大多数人的决策周期在半年左右，74%的购车家庭是在1~6个月内完成购车的
3	购车差异	单身与已婚家庭对购车决策的差异较大，"单身族"主要是自己做主，但是已婚人士在购车时都会和配偶商量

三、通过"N"来评估客户

客户有购买需求是销售成功的一个重要条件，一般购车是作为上下班代步工具、商务活动需要、娱乐、提高生活质量。

当然，需求不是一成不变的。作为汽车销售顾问，要明白需求不仅可以满足，还可以创造。要想成功地销售，就必须去发现需求，创造需求。

四、运用MAN法则的策略

通过对MAN法则的了解之后，可以运用该法则对客户进行相对有效的评估。针对不同的客户采取对应的策略，具体如下图所示。

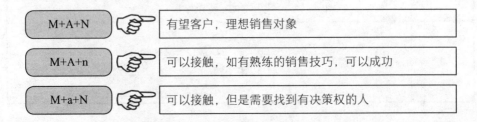

M+A+N	☞	有望客户，理想销售对象
M+A+n	☞	可以接触，如有熟练的销售技巧，可以成功
M+a+N	☞	可以接触，但是需要找到有决策权的人

第三章
客户开发与接待技巧

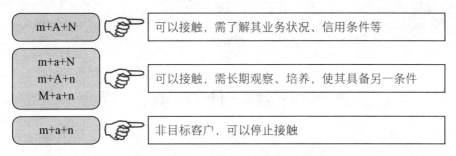

不同客户类型应对策略

M 代表有钱；A 代表有决策权；N 代表有购车需求；m 代表没有钱；
a 代表没有决策权；n 代表没有购车需求

休闲小吧

一把坚实的大锁挂在大门上，一根铁杆费了九牛二虎之力，还是无法将它撬开。

这时钥匙来了，他瘦小的身子钻进锁孔，只轻轻一转，大锁就"啪"的一声打开了。

铁杆奇怪地问："为什么我费了那么大力气也打不开，而你却轻而易举地就把它打开了呢？"

钥匙说："因为我最了解他的心。"

点评

顾客与销售人员之间金钱利益的隔膜，都像上了锁的大门，任你再粗的铁棒也撬不开。唯有关怀，才能把自己变成一个细腻的"钥匙"，进入别人的心中，才能做顾客的生意并让顾客感谢你。而关怀只在细微之处，例如：变天的时候，一个多加衣服的短信；顾客生日的时候，一张简单的生日卡片；顾客衣服袖口纽扣松动的时候，一次简单的针线缝补；顾客物品遗失的时候，一次拾金不昧的行为……这种种的细节的关怀便可以融化顾客的心，留下他的忠诚。

潜在客户开发途径

【要而言之】

汽车销售顾问需要通过各种途径去寻找客户,应尽可能地从身边的信息和人脉资源去寻找客户。

【详细解读】

一、梳理认识的人脉

汽车销售顾问可以列一个简单的清单,将所有认识的人进行整理分类,如下表所示。

我所认识的人清单

(1) 共事过的同事和客户	(10) 谁向你们公司提供办公用品
(2) 各阶段的同学	(11) 你们的家具是从哪里买来的
(3) 从前的邻居	(12) 你会经常去哪里干洗衣服
(4) 你的好朋友	(13) 你经常光顾的早餐店店主是谁
(5) 你的亲戚——妻子或丈夫的亲戚、兄妹、侄子侄女、外甥外甥女等	(14) 你经常逛的商店服务员是谁
	(15) 谁给你卖的房子
(6) 你认识的杂货店或食品店的人	(16) 你认识的社区医生
(7) 经常一起运动的人	(17) 你孩子同学的家长
(8) 谁和你的家人一起参加娱乐活动	……
(9) 经常去的健身房的经理	

二、从自己所在门店获取名单

一般汽车销售门店都会提供业绩名单，汽车销售顾问可以从这些名单中寻找到潜在的客户。仔细查看过去客户名单，不仅可以让其成为将来的客户，还能获得其推荐的客户。

三、从门店举办的活动中获取信息

汽车销售顾问可以从门店举办的各种车友会、店庆会、假日活动中，通过与来参加的客户交谈，获取一些潜在客户的信息。

四、从"有车一族"中挖掘潜在客户

"有车一族"是最好的潜在客户之一，并不是因为其有车，就不会再次购车。因为其一般是高收入群体，有的可能会买更多的车，而不仅仅是一辆。何况，车辆行驶一定里程后是要强制报废的，也就需要二次购车。如果是购买高档车辆的客户，其换车时间很可能早于强制报废时间。因此，需要经常与其接触，随时关注其状态，可以在换车时，使其顺利地成为你的客户。

五、从门店咨询电话中分拣信息

许多客户在买车之前，一般都会打电话咨询。但是，电话咨询的时候，只是想对产品或公司进行初步了解，如果有兴趣，才会来门店参观洽谈。汽车销售顾问在接听销售电话时，最重要的就是激发其兴趣，探询购买意愿，可以为日后的跟踪工作奠定基础。

六、从同事处获取信息

经常与公司其他同事交流，比如财务部的同事可能知道某银行要买车。形成定期检查公司服务和维修记录的习惯。询问售后服务部门你的客户打过几次咨询电话。如果多次，一定要回访。

七、与同行协助互补

所谓的互助合作,就是与其他门店的销售顾问合作,可以更好地进行互补。同样是做汽车销售的,可能是在另一家公司,所销售的品牌及款式不一样,此时就可以与其合作。如果他接待的客户对他们销售的汽车没兴趣,可以让他把客户推荐给你。

八、从报纸新闻版块获取价值信息

阅读报纸汽车专栏,获取有价值的信息。比如关于某人的报道,可以留一份相关人士的电话、QQ等信息的复印件,接着寄出简要的短函,并附上名片。大多数人都喜欢自己出现在新闻中,而且喜欢把文章的复印件邮给不在本地的亲戚朋友。通过提供这项小小的服务,说不定可以得到许多大生意。

九、从车辆展览会中搜集信息

车辆展览会是获取潜在客户的重要途径之一,销售顾问事前需要准备好专门的人搜集客户的信息、客户的兴趣点以及现场解答客户的问题。

对于来展会咨询的客户,都要认真对待,尽可能取得他们的联系方式,以便日后跟踪联系。如果是特别感兴趣或购买意向特别强的客户,要尽可能地邀请其去门店参观,做进一步的洽谈。

十、从汽车网站论坛中获取信息

从销售汽车的网站、论坛中获取信息,比如易车网、购车网等论坛中的留言、咨询,捕捉信息。

十一、从社团、公益活动中获取信息

汽车销售顾问可以从自己业余参加的各种社团活动、公益活动中获取信息,比如驴友社团、赞助会等场合中获取信息。

十二、从相关汽车场所获取信息

二手车市场、洗车场都是汽车客户经常去的地方，汽车销售顾问可以与其工作人员保持友好关系，从中得到一些有用的信息。

十三、从老客户中寻找信息

不要认为已购车辆的客户不会再买车，其身边的朋友可能会买车，并且已购车的客户可能会换车，从中可以得到许多潜在的客户信息。

十四、从社会机构中获取信息

商业联系比社会联系更容易。借助于私人交往，将更快地进行商业联系。不但考虑在生意中认识的人，还要考虑政府职能管理部门、协会、驾驶员培训学校、俱乐部等行业组织，带给您的是其背后庞大的潜在客户群体。

十五、从当地黄页电话簿中获取信息

如果销售车辆针对企业，可以从当地黄页电话簿开始寻找客户。当你的车辆或服务带给他们更多的生意或者让他们更有效，可以与相关企业取得联系。

十六、获得潜在客户的话术技巧

1.与基盘客户联系的话术技巧

对于基盘客户，要经常保持联系，这样他们在周围人群准备买车时才会想到你。一般而言，可以通过以下三种方式保持与客户的密切联系。

（1）重大的节、假日邮寄贺卡和送小礼物。

（2）每年至少与他们通话五次。

（3）每年亲自访问六次。

用关心获得潜在客户

汽车销售顾问：李先生，您好啊！我是××4S店的小李，最近工作挺顺利的吧！

客户：啊！是小李啊！最近一段时间总加班。

汽车销售顾问：说明你们公司业务相当好啊！平时还要多注意休息，虽然你的身体比我强壮。

客户：是啊！谢谢你关心。最近车卖得不错吧？

汽车销售顾问：托您的福，上次您介绍的那位朋友最终买了一款跟您相同型号的车，今天他来保养的时候还提到您呢。谢谢您给我介绍了那么多朋友。对了，上次曾听您介绍过，××单位的老总是您的朋友，正好我们公司有点业务方面的事情想麻烦他，您能不能把他的联系方式告诉我一下？

客户：你等一等，我找一下，他的办公电话是×××××××××，手机电话×××××××××××。要不要我先打个电话给他？

汽车销售顾问：谢谢了！等哪天有空的时候我专程去拜会他一下，就说您介绍的，可以吗？

客户：没有问题。

汽车销售顾问：要不今天先到这里，您的工作也很忙，改天等您有空的时候我专程登门拜访。

客户：好的。

汽车销售顾问：那谢谢了！再见！

2.让陌生客户接受预约的话术技巧

一般而言，任何一个客户都较关心他们的同行特别是竞争对手的情况。要让客户尽快接受销售人员的预约，最佳的方法是找到他们的竞争对手、他们的同行在购车时关注的问题，最容易获得陌生客户的接纳。

同时，"汇报"这个词也容易拉近与客户间的距离。

 **情景再现**

用"汇报"获取客户预约

汽车销售顾问：您好！请问是××公司的刘先生吗？

客户：有什么事吗？

汽车销售顾问：我是××4S店的汽车销售顾问××。听说贵公司准备采购一批新车，正好我们公司经销的汽车与你们的采购条件较符合，所以特地打电话向您请教这方面的情况。

客户：你是怎么知道我的电话的？你们是怎么知道我们准备采购汽车的？

汽车销售顾问：正如您所知道的，要做好销售必须要有敏锐的眼光，我们汽车销售顾问也不例外。从最近某媒体对贵公司的报道来看，随着贵公司业务迅速发展，必定会有添购汽车的需求，所以我就打了这个电话。这不，正好有这样的机会让我们能够为贵公司提供服务。

客户：真是这样的吗？不过我们已经初步选定合作单位了，如果以后再有这样的机会，我们会主动与你们联系的。

汽车销售顾问：我理解你们的要求，也感谢您接了我的电话。其实今天打电话的目的不是来向您推销我们的汽车，只是找一个机会把××公司为什么预先都选定了某款车但后来又重新调整了他们的选择的情况向您汇报一下。

客户：是这样的！今天下午刚好开完业务会后我有点空，你下午4:00来我的办公室，我们具体谈一下，顺便带上产品资料和报价单。

汽车销售顾问：好的，下午4:00我会准时到达。再请教一下，贵公司的地点是××，您的办公室在×楼。

客户：在××，306室。

汽车销售顾问：好的！谢谢您！我们下午见。

借助微信开发客户

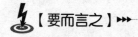

微信营销作为一种新型的营销模式,正被大多数商家和消费者试用及关注。同样在汽车营销中,微信作为一种新型的商业工具正被广泛应用。

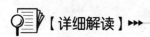

一、完善个人信息

1. 选择正确的头像

微信营销的目的就是希望先"卖人"后"卖服务"。所以汽车销售顾问可以将真实的自己展现给对方。因为真实的头像能够在添加陌生人时加大通过率。

不建议使用卡通类、宠物类的图片作为自己的头像,容易混淆,且容易被淡忘。

2. 起合适的微信名字

与头像目的一样,名字也能将最真实的自己营销给对方,所以理想的方式就是大方地将自己的真实名字设为微信名。可运用英文名以及小名,会更有亲切感,且容易记忆,但是前提是,你的英文名或者小名在你的生活中、门店中是广为人知的。

需注意的是,虽然加上"AAA"在名字前的方式很容易将自己的联系方式放在通讯录靠前的位置,但是这种方式特别容易被客户屏蔽。某些"字母"客户根本不知道什么意思,而"销售"字样在加好友时容易被拒绝。

3. 用签名来为你做广告

个性签名在微信的各类设置中相对来说是比较不起眼的,但是对于营销型的微信来说还是希望借由这里的文字给自己做广告,同时将自己的联系方式与简介公之于众。

在平时维护中可以定期更新,将公司最近活动以及优惠信息进行发布。不要强化"销售"字样,这样容易在添加好友时被拒绝。

二、巧发朋友圈

作为汽车销售顾问,对于联系顾客纽带的微信朋友圈,该发些什么内容呢?

(1)个人生活、娱乐内容。此类内容是希望让对方多了解你,并让对方真切地感受到你是一个人,而不是一个销售机器。

(2)产品常识。这类内容是希望给对方带来一种你比较专业的感觉。

(3)个人销售业绩或个人荣誉。这类内容对方可以感觉到你的生意红火、你的专业可信、得到客户的认可,以此来获取对方信任。

(4)客户服务经历。这类内容指的是你亲自帮客户处理问题的经过以及结果,最好配上图片。希望给对方带来你很有服务精神,打造优质服务的服务顾问形象。

(5)客户的感谢短信。这类内容指将客户的感谢短信截屏在朋友圈。配上自己的感言,并在回复中打上客户感谢的内容,用更多的服务故事打造自己周到服务的专业销售形象。

(6)最新行业资讯。指本行业的政策变化、新产品上市信息、市场前景,体现自己的行业资深形象。

(7)活动促销信息。此类信息旨在引起客户兴趣,带来与你沟通的可能,创造销售机会。

(8)最新新闻、热点话题以及其他。此类信息希望增加个人微信的趣味度,增加对方的关注。

线上直播吸引客户

【要而言之】

在"直播+"时代的推动下,直播带来的红利是非常可观的。为了提振销量,各大汽车经销商也纷纷"试水"直播卖车,销售顾问也是使出了浑身解数。

【详细解读】

一、扩散直播信息

销售顾问可以通过门店的官方微信公众号、抖音等渠道发布直播信息、推广活动,吸引客户足不出户看车选车。销售顾问也可主动联系有购车意向的潜在客户,根据客户需求在直播间推荐车辆,解答客户疑问。

无论线上售车还是线下售车,流量始终是"王道",想要做好销售工作,必须要吸引到足够的"客流"。

二、确定直播内容

为了提高直播间的人气,应保证每周直播两次,每次半小时至一小时。为了保证每次直播有新意、有看点,销售顾问、售后人员和礼宾大使可"轮番上阵"带来新车讲解、看车选车技巧等车友关心的内容。

三、借短视频吸引客流

拍摄短视频的目的是为门店吸引客流。短视频已经成为人们喜欢的事物之一,现在无论是来店里看车购车的客户,还是店里的工作人员,大多数人手机里都安装了抖音、快手等短视频软件,他们空闲时都会坐下来"刷一刷",使用短视频宣传可能会带来更多流量。

销售顾问可以根据门店和产品的实际情况,自己编写脚本、设置场景、摄制短视频,然后通过公司微信号、抖音号以及个人微信朋友圈等渠道进行传播。视频内容可以是展现员工面貌的舞蹈;也可以开设讲车小课堂,介绍车辆信息,分享用车小窍门等知识。

元旦,某大学俱乐部前,一位老妇守着两筐苹果叫卖,因为天寒,无人问津。一教授见此情形,上前与老妇商量了几句,然后走到附近商店买来节日织花用的红彩带,并与老妇一起将苹果两个一扎,接着高叫道:"情侣苹果呦!两元一对!"经过的情侣们甚觉新鲜,用红彩带扎在一起的一对儿苹果看起来很有情趣,因而买者甚多。不一会儿苹果就全卖光了,老妇感激不尽。

点评

首先分清众多细分市场之间的差别,并从中选择一个或几个细分市场,针对这几个细分市场开发产品并制定销售组合。

与潜在客户的接触

【要而言之】

潜在客户与门店存在着销售合作机会，经过销售顾问的努力来与其接触，就有可能把他们转变为现实客户。

【详细解读】

一、明确各个要素

汽车销售顾问在与客户接触沟通前要先明确各个要素，这样便于进行沟通。需明确的要素有如下图所示的几点。

要素一	确定开发客户的对象，考虑与其接触的方式，是打电话，还是请进来，或是登门拜访，这些都需要选择
要素二	选择时间、地点、内容，找出从哪里切入比较容易
要素三	找出话题以及与客户拉近距离的捷径
要素四	确定谈话的重点和谈话的方式

沟通前需明确的要素

二、要有耐心和毅力

客户在购买汽车时，不会草率地做出决定，总是会反复斟酌的。因此，汽车销售顾问要有充分的耐心和毅力。

三、把握与客户见面的时间

根据经验,与客户见面一般在上午10:00左右或下午4:00左右比较好。人的精力是有限的,一般来说,从早晨8:00开始忙,忙到10:00,就需要休息,在客户需要放松的时候汽车销售顾问去拜访或联络他,他会把其他的事情暂时放在一边,去跟你聊几分钟。下午也是同样的道理。

四、与客户见面时的技巧

销售顾问在与客户见面的时候也要讲究技巧。首先要有一个很好的开场白,这个开场白应该事先准备好。如果事先没有准备,应凭借实战经验进行应对。

五、与潜在客户沟通的技巧

汽车销售顾问在与潜在客户沟通时,需要掌握下图所示的几个技巧。

技巧一	道出客户的姓名,然后介绍自己
技巧二	找理由打电话或碰面
技巧三	确认客户现在及未来的需求
技巧四	说明这次联系的目的,以及将给该潜在客户的现在与未来需求可能带来的好处
技巧五	如果潜在客户的需求无法符合这次联系的目的,则可以说明符合他或她的其他利益
技巧六	要求"订单"或说明这次联系的目的
技巧七	要求推荐客户
技巧八	感谢客户与你谈话或碰面,且让他知道下次联系时间(例如,在下个月接到一个信件或在一星期内电话联系)

与潜在客户沟通的技巧

六、与客户接触的话术技巧

1. 寻求客户认同的话术技巧

对于客户而言,如果答应见面,意味着花的时间可能会更多。此时,最佳的方式就是自己提出一个问题,寻求客户的认同。只要客户认同,那么约定上门见面的机会就会出现,可能性就会增加。

 情景再现

> **用"请教"寻求客户认同**
>
> 汽车销售顾问:听说贵公司准备采购一批新车,我正是为这事与您联系并向您请教。
>
> 客户:没错,我们是有这个考虑,但目前还没定。既然今天你打电话来,那么就介绍一下你的汽车吧!
>
> 汽车销售顾问:感谢初次接触您对我的认可。汽车采购是一件大事,需要考虑的因素很多,相信你们更关注如何避免购车中的风险吧。
>
> 客户:那当然,谁都希望以最省的投资买到性价比更好的汽车。
>
> 汽车销售顾问:既然如此,我想我们更应该安排时间见个面,这样才会有机会把与你们公司相类似的一些客户是如何避免汽车采购中的风险情况向您做一个汇报,以供你们参考。
>
> 客户:既然如此,那就预定在周二下午3:00吧!
>
> 汽车销售顾问:今天是周五,那下周一下午3:00我再电话与您确认一下,应该没有问题吧!
>
> 客户:没有问题!
>
> 汽车销售顾问:那就这样说定了,谢谢您!再见!

2. 争取面谈的话术技巧

通过寻找与客户背景情况相近或相似的案例来说明见面的重要性,这样做可以引起共鸣。有一个核心问题要强调:就是暗示客户购车中存在有大量的风险,

其中一个就是售后服务的问题，虽然都是同一个品牌，但服务也会大相径庭。同时，表明今后选择谁都要注意这个问题，以争取见面沟通的机会。

 情景再现

用"专家"争取面谈机会

汽车销售顾问：听说贵公司准备采购一批新车，我正是为这事向您请教的。

客户：没错，我们是有这个考虑，但目前还没定。既然今天你打电话来，那就把你们最新的产品资料和报价传真一份给我。

汽车销售顾问：看来您是一个汽车方面的专家，只要看一下汽车产品的资料就可以知道哪个品牌和车型更适合您。就冲这一点，我一定要上门当面请教。

客户：哪里了，只是皮毛而已。

汽车销售顾问：上个月，我遇到一位汽车采购专家，他们公司的情况与你们公司差不多。听他的介绍，我发觉他对汽车非常了解。当我说先传真资料和报价给他时，他说一定要见到我本人，因为他认为除了考虑品牌和车型外，最重要的是服务。他会从我身上看到我们公司的服务，判断今后是否能够给他们提供完善的服务。所以，我建议无论今后是否把我们作为候选对象，只有见个面才会让您更放心。

客户：这几天我比较忙，不一定有空，你还是把资料先传真过来，我先看一下。

汽车销售顾问：既然你很忙，要不这样，我后天下午3:00打电话给您，如果您能抽出时间的话，我们见个面再具体谈。

客户：那也行！

汽车销售顾问：好，那就谢谢您！我后天下午3:00打电话给您！再见！

来电客户接待要点

【要而言之】

汽车销售顾问真诚、热情地与客户通话，可以让客户感受到销售顾问的诚恳，通过技巧性的电话接待，不仅可以吸引客户的好奇心，还能与客户建立初步的信任关系，使其期待下次会面。

【详细解读】

一、电话接听的要求

汽车销售顾问在接听客户电话的过程中可以获取不少客户的信息，同时还可以通过技巧性的沟通确定客户的需求。电话接听有如下图所示的几个要求。

1	获取客户信息（姓名、电话、地址、现使用车辆信息、家庭信息等），确定需求
2	邀请客户来店参观/试乘试驾/详谈
3	电话接听过程中可报价但不谈价

接听电话的要求

汽车销售顾问在接听客户电话前要做好准备,以便更好地记录客户的信息与需求。接听电话前的准备包括每日来电客户登记表、笔以及相关宣传资料等。

二、接听电话的注意事项

汽车销售顾问在接听客户电话时要注意以下事项。

(1)即使熟悉的声音,也应进行确认,避免出错。

(2)电话来时若正与客户交谈,应优先接听电话,并事先向交谈客户致歉。

(3)接电话时,若有客户进店,销售顾问应起立、微笑、点头致意。

(4)若是转接电话,在20秒内顺利转接,并关注是否已转接到位。

(5)若客户找的人不在,应及时告知,并主动征询客户是否能留言。

(6)打错电话要有礼貌地回答,让对方重新确认电话号码。

(7)对自己不了解且不能解决的问题,要做好详细的电话记录,然后转交相关人员处理。

(8)客户来电表示不满或抱怨时,应诚恳地聆听对方的诉说,并记录客户抱怨的相关内容,转交相关人员或部门处理。

(9)电话中应避免使用对方不能理解的专业术语或简略语。

对客户的需求已经进行肯定,目的是强化客户对销售人员的认同。当然,客户提出的问题如果是自己产品的强项,那是再好不过的;如果不是,就要设法进行转化,弱化客户对此项问题的关注与要求。

展厅客户接待服务

【要而言之】

汽车销售顾问对于来展厅的客户,要主动热情地上前迎接。客户到展厅主要是为了了解信息或者进一步了解有关产品或购车相关信息。接待过程中,汽车销售顾问应充分运用展厅里的各种资源,促成销售。

【详细解读】

一、客户进入展厅时的接待

当客户进入展厅时,汽车销售顾问一定要热情、真诚地迎接。具体接待情况如下。

(1)30秒钟内察觉到客户的到来,并在几秒钟内大脑就要加工处理客户的信号,依据其衣着、姿态、面部表情、眼神等,评估出客户的态度、购买倾向等,注意不要以貌取人。

(2)目光相遇时,点头示意,如客户点头回应,应即刻上前接待,如果客户视而不见,且直奔展车专注看车,可给客户1~2分钟的自由看车时间。

(3)面带微笑,目光柔和注视对方,以愉快的声调致欢迎词"欢迎光临,我是销售顾问×××,请问有什么可以帮助的吗?"

(4)和每个来访者必须在2分钟内打招呼并进行交谈,并可适当地交流一些与车无关的其他话题,借此打消客户本能的警惕和戒备,拉近彼此心理距离。

(5)礼貌、热情,所有员工与客户目光相遇时皆应友好地点头示意,并打招呼"您好!"良好的第一印象有助于增强客户对于我们品牌、公司和个人的信任,为后续放松、深入的交谈奠定坚实的基础。

（6）如客户是再次来展厅的，销售顾问应该用热情的言语表达已认出对方，最好能够直接称呼对方。

比如，"张女士，您来了，上次的桂林旅游收获很大吧？"或"张女士，您来了，咦？头型换了，好漂亮啊！"等。

二、客户要求自行看车或随便看看时

当客户要求自行看车或随便看看时，销售顾问可按以下方式接待。

（1）回应"请随意，我愿意随时为您提供服务"。

（2）撤离，在客户目光所及范围内，随时关注客户是否有需求。

（3）在客户自行环视车辆或某处10分钟左右，仍对销售顾问没有表示需求时，销售顾问应再次主动走上前"您看的这款车是××，是近期最畅销的一款……""请问……"

（4）未等销售顾问再次走上前，客户就要离开展厅，应主动相送，并询问快速离开的原因，请求留下其联系方式或预约下次看车时间。

三、客户需要帮助时

当客户需要帮助时，销售顾问可按以下方式接待。

（1）亲切、友好地与客户交流，回答问题要准确、自信、充满感染力。

（2）提开放式问题，了解客户购买汽车的相关信息。

比如，××车给您的印象如何？您理想中的车是什么样的？您对××产品技术了解哪些？您购车考虑的最主要因素是什么？（建议开始提一些泛而广的问题，而后转入具体问题）。

（3）获取客户的称谓"可以告诉我，怎么称呼您吗？"并在交谈中称呼对方（李先生、杨女士等）。

（4）主动递送相关的产品资料，给客户看车提供参考。

（5）照顾好与客户同行的伙伴。

（6）不要长时间站立交流，适当时机或请客户进入车内感受，或请客户到洽谈区坐下交流。

四、客户在洽谈区时

当客户在洽谈区时,销售顾问可按以下方式接待。

(1)主动提供饮用的茶水,递杯时,左手握住杯子底部,右手伸直靠到左前臂,以示尊重、礼貌。

(2)充分利用这段时间尽可能多地搜集潜在客户的基本信息,尤其是姓名、联系电话。如请潜在客户填写"客户接洽卡"。填写接洽卡的最佳时机是在同客户交谈了一段时间后,而不是见面后立即提出请求。可以说"麻烦您填一下这张卡片,便于今后我们能把新产品和展览的信息通知您。"

(3)交换名片"很高兴认识你,可否有幸跟您交换一下名片?这是我的名片,请多关照";"这是我的名片,可以留一张名片给我吗?以便在有新产品或有优惠活动时,及时与您取得联系"。

(4)交谈时,除了谈产品以外,寻找恰当的时机多谈谈对方的工作、家庭、或其他感兴趣的话题,建立良好的关系。

(5)多借用推销工具,如公司简介、产品宣传资料、媒体报道、售后服务流程,以及糖果、香烟、小礼物等。

五、客户离开时

当客户离开时,销售顾问可按以下方式接待。

(1)放下手中其他事务,陪同客户走向展厅门口。

(2)提醒客户清点随身携带的物品以及销售与服务的相关单据。

(3)递交名片,并索要对方名片(若以前没有交换过名片)。

(4)预约下次来访时间,表示愿意下次造访时仍由本销售顾问来接待,便于后续跟踪。

(5)真诚地感谢客户光临本店,期待下次会面。在展厅门外,挥手致意,目送客户离去。

六、客户离去以后

客户离去以后,汽车销售顾问需做以下一些事情。

(1)将车辆调整至最初规定位置并进行清洁。

（2）洽谈桌水杯、烟灰缸等卫生细节的清理、清洁。

（3）整理客户信息。

（4）将自我着装、情绪调整到最佳状态，准备接待其他客户。

七、展厅接待话术技巧

1.接待新客户的话术技巧

客户初次来到展厅，最重要的是让他们适应这里的环境，借机寻求销售的机会。进入产品展示之前，一定要注意弄清楚客户的关注点以及他们要求介绍产品的真实意图，是想了解产品还是想寻求某种答案，以便展开有的放矢的介绍。由于客户的目的不同，介绍的方式与"对话"内容也有很大的差异。

> **接待首次到店的客户**
>
> 汽车销售顾问：您好！欢迎光临××4S店！想看哪一款车？
>
> 客户：这款车怎么样？
>
> 汽车销售顾问：您真有眼光，凡是来我们展厅的朋友首先都会被这款车吸引，这也是我们这里卖得最好的一款车。
>
> 客户：那就介绍一下吧！
>
> 汽车销售顾问：这款车有十大卖点及五大优势，如果要一一介绍的话，可能会占用您很多的时间。能否请教一下，当您准备拥有一辆车时，您会最先关注哪一点？

2.接待老客户的话术技巧

把客户当朋友，把购车当作帮他们解决问题的过程，这样他们才会愿意把钱投在你这里。也可以巧妙地给客户进一步施压，故意制造出产品抢手的氛围。

 **情景再现**

接待多次看车的客户

汽车销售顾问：您好！王先生，欢迎再次光临！这几天我们几位同事都谈到您，说好几天没有见到您了。

客户：真的吗？正好出差去了。

汽车销售顾问：今天准备再了解哪一款车呢？

客户：旗舰型，怎么样？现在有哪些优惠了？

汽车销售顾问：这几天我一直想打电话给您。您上次看中的那款车自上市以来一直热销。那不，昨天刚到了10辆车，今天一大早就提走了4辆，下午还有3辆要现货。我还担心要是您来迟了没车交付，还真对不住朋友呢。

客户：这么好卖啊！不会吧？

汽车销售顾问：还没真想到，这几天买车的人会那么多，还真有点招架不住了。怎么样，您最后定了哪个价位的？

客户：还没定！还有些问题没有弄清楚。

汽车销售顾问：是哪些问题让您下不了决心呢？

客户：主要是……

汽车销售顾问：我还以为是什么大问题呢！您担心的这些都不是问题，您看……我说的没错吧！还犹豫什么？

第三章
客户开发与接待技巧

了解分析客户需求

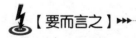

汽车销售顾问需要对客户的需求进行分析,因为对客户需求进行准确分析之后,可以针对性地采取销售策略。

【详细解读】

一、提问

销售顾问在了解客户需求过程中,需要不断地提问。由此,掌握好提问的技巧,可以更快更准地发现客户的真正需求,从而促成交易。

1. 开放式提问法

一般在了解客户需求时,可以多采用开放式的提问。这种提问适用于希望获得大信息量时。对客户信息了解得越多,就越有利于把握客户的需求。开放式询问可采取"5W1H"的提问方法,具体如下图所示。

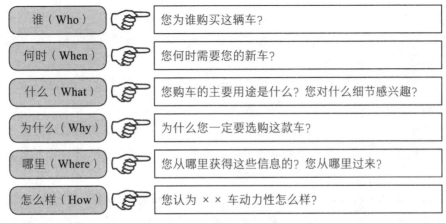

"5W1H"提问法

2.封闭式询问法

封闭式询问是指所提的问题，对方可以直接给出肯定或否定的答案，适合于获得结论性的问题，如您喜欢这辆马自达车吗？我们现在可以签订单吗？

汽车销售顾问要以客户需求为导向，提出问题，真诚提供咨询。从客户方面收集有益的信息，并填写"顾客需求评估表"。

二、倾听

销售顾问在与客户接触的时候，不仅要学会问，还要学会听。要知道听也有讲究。在倾听的时候，要关注客户的话语，尽力探寻客户的需求。

1.注意与客户的距离

人与人之间的距离是很微妙的，有的客户很敏感，那么什么距离客户才会有安全感呢？当一个人的视线能够看到一个完完整整的人，上面能看到头部，下面能看到脚，这个时候这个人感觉到是安全的。

汽车销售顾问在与客户谈话时，双方还没有取得信任，马上走得很近，对方会有一种自然的抗拒和抵触心理。所以销售顾问一定要注意与客户的距离。

2.认同客户的观点

销售顾问要认同客户的观点，不管对方是否正确，只要与买车没有什么原则上的冲突，就没有必要去否定他。可以说："对，您说的有道理。"同时还要点头、微笑，还要说是。这样客户才会感觉到你和蔼可亲，特别是有三个字要经常挂在嘴边，"那是啊。"这三个字说出来，能让对方在心理上感觉非常轻松，感觉到你很认同他。

一天，某客户来店后一直在查看一辆车，看完以后，这位客户说："哎，这款车的轮毂好像比其他的车要大一些。"

这个时候销售顾问就要抓住这个机会美言他了。因为现在轿车的发展方向都是大轮毂。大家从近几年的各种车展上都能看到，一些新推出来的车型都是大轮毂，所以这是一种潮流、一种趋势。

销售顾问可以说："哎呀，您真是观察得很仔细啊。"这样一说客户会很高兴。这个时候客户还会说："我听说大轮毂一般都是高档轿车，甚至是运动型的跑车才会配备。"

而这个时候销售顾问又可以美言几句了："哎呀，您真不愧是一个专家啊，我们有很多销售顾问真的还不如您啊。"

通过这两次赞美，客户彻底消除了疑虑，这个时候就很容易拉近彼此间的距离，与客户越谈越融洽，就能顺利地进入销售的下一环节。

3.善于应用心理学

作为销售顾问，掌握一定的心理学知识是非常重要的。从心理学的角度上讲，两个人要想成为朋友，一个人会把自己心里的秘密告诉另一个人，达到这种熟悉程度需要多长时间呢？权威机构在世界范围内调查的结果是，最少需要一个月。销售顾问要赢得客户，不仅是技巧的问题，还应适当掌握心理学的知识。

运用心理学进行销售时，销售顾问要本着以客户为中心的顾问式销售的原则，本着对客户的需求进行分析、对客户的购买负责任的态度，本着给客户提供一款适合客户需求的汽车的目的，绝不能运用心理学欺骗客户。

三、观察

汽车销售顾问应注意观察并尽可能多地了解客户，包括他们的话语问题、行为动作、非言语交流等。观察的重点主要在以下几个方面。

（1）衣着。一定程度上反映经济能力、选购品位、职业、喜好。

（2）姿态。可传达购车态度、感兴趣点。

（3）眼神。可传达购车意向、感兴趣点。

（4）表情。可反映情绪、选购迫切程度。

（5）行为。可传达购车意向、感兴趣点、喜好。

（6）随行人员。其关系决定对购买需求的影响力。

（7）步行/开车。可以传达购买的是首部车/什么品牌、置换、预购车型等信息。

四、调整

通过前面对客户的提问、倾听和观察，汽车销售顾问对客户有了一定的了解,这个时候汽车销售顾问就要根据对客户已有的了解改进工作方法和行为方式。如客户喜欢有自己的思考,那么汽车销售顾问就要尊重客户的喜好,不要一直喋喋不休地向客户介绍车型。

五、提供建议

汽车销售顾问在与客户交流,获得大量信息的基础上,进行分析,提炼出客户一两个主要的购买动机,并通过询问来得到客户的确认。再结合现有车型的产品定位,进行有针对性的产品推荐。

六、分析客户需求的话术技巧

1.询问客户的话术技巧

技巧性地"询问"是导入销售正题最佳的方法之一,也是高水平"对话"能力的一个重要表现,它会使"对话"更精彩,让销售顾问更快地步入汽车销售的佳境。

> **通过提问寻求客户需求**
>
> 汽车销售顾问:您好!欢迎光临××4S店!需要我帮忙吗?
>
> 客户:不用,我先看看。
>
> 汽车销售顾问:怎么样,方向盘的设计有高档车的那种手感吧!内饰色彩符合您的要求吗?座椅的包裹性如何?
>
> 客户:不错!颜色很协调,座椅很柔软,方向盘的设计也很独特。
>
> 汽车销售顾问:您真有眼光!您想知道为什么方向盘会成为该车的一大卖点吗?
>
> 客户:不知道,为什么?
>
> 汽车销售顾问:……(全方位展示方向盘)

2.了解客户购车背景的话术技巧

成功销售的第一步是弄清与客户购车投资行为相关的背景情况。无论用什么方式,只有一个目的,就是把客户购车的相关背景情况弄清楚。只有在此阶段收集的信息足够,才可能在后续的销售中获得制胜先机。

 情景再现

> **通过提问收集客户的购车信息**
>
> 汽车销售顾问:您好,我是这里的销售顾问小李,欢迎您的到来。准备要看什么样的车?
>
> 客户:随便看看。
>
> 汽车销售顾问:这位先生,看来您对这款车非常有兴趣。
>
> 客户:发动机是在哪里生产的?
>
> 汽车销售顾问:看来您很专业!一般首先问到发动机的朋友都是汽车方面的专家。
>
> 客户:哪里啦,只是知道一点。
>
> 汽车销售顾问:我们这款车的发动机是德国原装发动机,动力性非常的卓越。不过,我想请教一下,您之前接触过这款车吗?
>
> 客户:在网上看过,还没有见过实车。
>
> 汽车销售顾问:那您有没有接触过其他同级的车呢?
>
> 客户:我刚从隔壁的展厅过来,听他们介绍过××款车,相当不错,特别是发动机。
>
> 汽车销售顾问:这么说,如果今后您要买车的话,发动机是您首先考虑的问题了?
>
> 客户:以前开过××牌的车,对该车的发动机印象比较深。
>
> 汽车销售顾问:这样看来,您更是一个汽车方面的专家,××牌的车不错,如果您准备换车的话,会考虑那款车吗?
>
> 客户:当然,如果有发动机比那款车更好的,我当然会考虑。

汽车销售顾问：这里，我想请教一下，今后您自己要开的车价值会在多少范围内？

客户：40万~50万元吧！

3.解决客户需求的话术技巧

一而再，再而三地让客户给出肯定的答复，从心理学的角度看，此时即使提出的问题是错的，客户会也顺势回答"正确"。一直强化客户对A品牌的认同，并适时地提出成交要求。

 情景再现

根据客户需求给予合适的建议

客户：我同时看上了两款车，其中，A款车为新上市的车型，在同级车中是率先装备了ESP、双氙气随动转向大灯、八向电动座椅等高科技安全与舒适性配置，但这款车外形设计过于时尚，整体视觉效果是车体不够宽大，同时还没有天窗；B款车是已经在市场上销售一年多的车型，在同级车中销售相当不错，业界的评价也很高，虽然没有装备ESP和氙气大灯，但宽大的车身、天窗和用户良好的口碑的确让我割舍不掉。

汽车销售顾问：通过刚才您的介绍，两款车都让您心动。说句实在话，购车选择是一件很难的事情，因为没有一款车，也不可能有这样一款车，把所有车型的优点集于一身。只是，一款车是否适合自己，最关键的是要看是否能够符合我们的投资要求，能否解决我们目前存在的问题。另外，我想请教一下，在您过去用车的经历中，上高速的机会多不多？

客户：多，经常要出差，全省各地跑。

汽车销售顾问：那就是说，出差的时候遇到刮风下雨的机会比较多了？

客户：那自然。

汽车销售顾问：遇到风雨天您是不是要减慢车速而且还要小心翼翼？

客户：那肯定。

汽车销售顾问：有没有在雨天高速行驶时遇到过紧急情况？

客　户：有啊！半年前送一个客户去某地，在高速公路上就碰到过这样的情况，那一次我们差点被吓死了。

汽车销售顾问：这么说，汽车的安全保障系统是您不得不重点考虑的问题了，特别是该车是否配备了ESP。

客　户：没有错。

汽车销售顾问：那我再请教一下，您开车出差时会不会因为时间紧，经常在晚上赶路。

客　户：差不多每次出差都会如此。

汽车销售顾问：这样的话，行车过程中对灯光的要求就会比较高，不仅照度要高，而且视野要好，如果在弯道行驶和上下坡的时候能够自动调节，那么行车就安全得多了。

客　户：你分析得没错。

汽车销售顾问：这样看来，行车安全的保障是您必须第一位考虑的问题，而这款车有没有天窗就显得不重要了。

客　户：当然，如果安全保障系统完备，而又有天窗的话，会更好一些。

汽车销售顾问：从这个角度看，在您刚才确定的这两款车中，也只有A款车最符合您的要求了，我建议现在您就把这辆车开回去吧！

休闲小吧

　　有一户人家，住在通往市镇的路上，以种菜为生，经常为肥料不足而苦恼。

　　有一天，儿子灵机一动："在这条路上，来往的人很多，如果能在路边盖一个厕所，一方面给过路的人方便，另一方面也解决了肥料的问题"。

他用竹子与茅草盖了一间厕所,果然来往的人无不称便,从此再也不用为缺肥而苦恼,青菜、萝卜也长得肥美。

路对面有一户人家,也以种菜为主,看了非常羡慕,心想:"我也应该在路边盖个厕所,为了吸引更多的人来上厕所,我要把厕所盖得清洁、美观、大方、豪华。"

于是,他用上好的砖瓦搭盖,内外都漆上石灰,还比对面的厕所大上一倍。

完工之后,他觉得非常满意。

奇怪的是对面的茅厕人来人往,自己盖的美观厕所却无人问津,后来问了过路人,才知道因为他的厕所盖得太美,太干净,一般人以为是神庙,内急的人当然是跑茅厕,不会跑神庙了。

点评

销售是有针对性地对客户所进行的工作,如果看到竞争对手采取了行动而自己缺乏周密的计划,仓促行动,即便所做的工作再完美也必然会导致失败。

汽车销售从入门到精通
从目标到业绩的高效销售技巧

第四章
车辆展示与介绍技巧

导言

　　车辆介绍是销售流程中关键的步骤，通过这一步骤，汽车销售顾问可以展示自己的专业知识，激发客户的购买兴趣。

销售冠军成长记系列

本章导视图

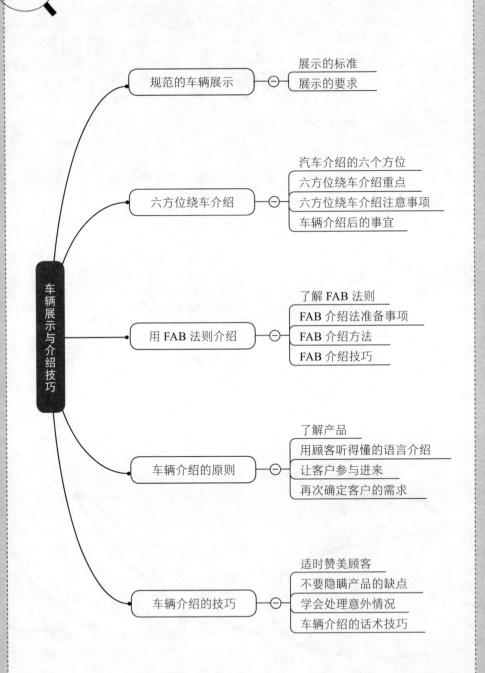

规范的车辆展示

【要而言之】

规范化的车辆展示,旨在营造出一个让客户感觉有专业水平的汽车展示的管理环境。因此,车辆展示也要遵循一定的标准和要求。

【详细解读】

一、展示的标准

(1)要方便客户的参观与操作,销售顾问要把这个作为要点来执行。

(2)要注意车辆的颜色搭配。展示区域的车辆不能只有一种颜色,几种颜色搭配效果会更好一些。

(3)注意车辆型号的搭配。同一个品牌的车,不同系列、不同型号的车都应搭配展示。

(4)要注意车辆摆放的角度,应错落有致。

(5)要有一辆重点推出的车。摆了这么多的车辆,必然有一款是重点推出的。需要重点展示的车辆必须要突出它的位置。

二、展示的要求

(1)展车要全面清洁,无指纹、无水纹。

(2)车辆的资料展示架按规定位置摆放。

(3)轮毂中间的LOGO(车标牌)应与地面平行。

(4)去掉所有的塑料套和保护膜。

(5)前排座椅调整到适当的距离。

（6）调整好后视镜、倒车镜。

（7）方向盘摆正并调到最高位置。

（8）仪表盘上的时钟调校出标准的北京时间。

（9）调好收音机，准备好各类风格的CD。

（10）脚垫放正，注意标志方向，并保持清洁。

（11）后备厢整洁有序，无杂物。

（12）保证蓄电池有充足的电。

休闲小吧

　　青蛙与老鼠是邻居，一直以来，青蛙看老鼠都不顺眼，总想找个机会教训教训它。

　　一天，青蛙见到老鼠，劝它到水里玩。老鼠不敢，青蛙说有办法保证它的安全，可以用一根绳子将它们连在一起，老鼠终于同意一试。

　　在水中，青蛙大显神威，时而游得飞快，时而潜到水底。老鼠被折腾得死去活来，最后被灌了一肚子水，泡涨了漂浮在水面上。

　　这时，刚好一只正在寻找食物的鹞子从空中飞过，发现了浮着的老鼠，就一把抓了起来。青蛙与老鼠有绳子连着，自然也被带了起来。鹞子将老鼠吃掉后，就准备吃青蛙。青蛙在被鹞子吃掉之前，后悔地说："真没想到把自己也给害了。"

点评

　　竞争是有规律的，如果采取不正当的手段去对付竞争对手，或许自己也已经踏入了失败的门槛。

第四章
车辆展示与介绍技巧

六方位绕车介绍

【要而言之】

六方位绕车介绍是汽车销售中一种常用的介绍方法,就是指汽车销售顾问在介绍汽车的过程中,分别就车前部、发动机室、乘客侧、后部、驾驶侧、内部进行介绍。

【详细解读】

一、汽车介绍的六个方位

六方位绕车介绍的方位图,具体如下图所示。

六方位绕车介绍方位图

图解:1号位是车的45度角;2号位是驾驶座的位置;3号位是后排座;4号位是车的后部,后备厢等都属于4号位;5号位是车的正侧面;6号位是引擎盖打开里边的部分,即发动机室。

二、六方位绕车介绍重点

1.介绍车前部

在车前部最有利于看清车辆特征，通常可以在这个位置向客户做产品概述。汽车销售顾问要站在汽车左前方，距离汽车90厘米左右。同时上身微向客户，距离30厘米，左手引导客户参观车辆。可以从汽车的外形开始，依次介绍车身尺寸、油漆工艺及车身颜色、前大灯、保险杠、前挡风玻璃及雨刮器等。

2.介绍驾驶座侧

汽车销售顾问在介绍驾驶座侧时要鼓励客户打开车门进入内部，最好让客户进行操作体验，销售顾问同步进行讲解和指导。介绍内容应包括座椅的多方位调控、方向盘的调控、开车时的视野、安全气囊、制动系统的表现、空调系统、音响系统、车内后视镜、变速器等。

3.介绍乘客侧

这时候正是争取客户参与谈话的时刻，汽车销售顾问应邀请客户打开车门、触摸车窗、观察轮胎，观察客户的反应，邀请客户坐到乘客位的位置。注意观察客户喜欢触摸的部位，告诉客户车辆的装备及其优点，客户会做一番审慎的衡量。

小提示 认真回答客户的问题，不要让客户觉得被冷落，但是要恰到好处地保持沉默，不要给客户一种强加推销的感觉。

4.介绍车后部

在介绍车后部时，汽车销售顾问将客户带至车后部。汽车销售顾问站在距离汽车约60厘米处，从后备厢开始，依次介绍高位制动灯、后风窗加热装置、后组合尾灯、尾气排放、燃气系统。接着打开后备厢介绍，掀开备胎和工具箱外盖进行介绍。

5.介绍汽车内部

汽车销售顾问对于车辆内部的介绍，主要侧重于介绍汽车操控性能的优越性、乘坐的舒适性等，要让客户体验到宽敞明亮的内乘空间。

6.介绍发动机室

发动机室是介绍车身和车型的好地方。汽车销售顾问站在车头前部偏右侧，打开发动机舱盖，固定机盖支撑，依次向客户介绍发动机舱盖的吸能型、降噪性、发动机布置形式、防护地板、发动机技术特点、发动机信号控制系统。最后合上舱盖，引导客户欣赏车的造型和品牌标志。

三、六方位绕车介绍注意事项

六方位绕车介绍的注意事项如下。

（1）汽车销售顾问从始至终都要面带微笑地进行介绍，要用手势引导客户到相关的方位，注意走位，别与客户撞在一起。

（2）汽车销售顾问介绍时，眼睛应面向客户，而不是看着车介绍，应注意绕车介绍时客户才是主角。

（3）让客户参与，寻求客户认同，鼓励客户提问，鼓励客户动手，引导客户感受。

（4）从客户最想知道的方位开始介绍，在介绍中不断寻求客户认同，注意客户聆听时的兴趣，若发觉客户不感兴趣，要试探性提问，找出客户的需求，再继续依客户的兴趣进行介绍。

（5）介绍当中要注意客户眼神中散发出来的购买信号，记住眼睛是心灵的窗口，若介绍当中发现客户已经认同产品时，即可停止六方位绕车介绍，设法引导客户进入试乘试驾或是条件商谈的阶段。

四、车辆介绍后的事宜

（1）在展车旁介绍完车辆后，销售顾问应将客户重新引导至洽谈桌，并提供饮料服务。

（2）适时邀请客户进入试乘试驾环节。

车辆介绍学习步骤

1. 全面学习

（1）了解话术内容，并对不清楚的功能进行了解（可以用当地的习惯用语、对剧本进行本地化工作的改造）。

（2）使用剧本并配合车辆进行模拟绕车介绍练习，熟悉每一段介绍内容中相应的身体语言与介绍技巧。

（3）根据各地的语言习惯，修饰剧本与介绍技巧，进行剧本的完善。

2. 熟记剧本

（1）反复练习绕车介绍剧本（可利用评估表衡量效果）。

（2）将绕车辆介绍剧本与介绍动作背熟。

3. 自我演练

（1）不使用剧本，反复练习绕车介绍。

（2）使用评估表，对绕车介绍进行学习评估。

（3）已具备基础的产品知识与绕车介绍能力，接下来要将死记硬背的基础换成活学活用的绕车介绍。

4. 活学活用

（1）熟记绕车介绍要点，并进行灵活运用。

（2）请同事协助进行角色扮演，做模拟销售互动练习。

（3）练习中，根据要点，并配合评估表，销售顾问了解客户需求，并进行针对性的介绍。

（4）反复进行模拟销售的角色扮演练习，将死记硬背的产品知识转变成灵活运用的产品介绍。

用FAB法则介绍

【要而言之】

汽车销售顾问可以使用FAB介绍法则（也叫特征利益法）对汽车进行介绍。FAB介绍法则可以将汽车的属性转化为即将带给客户的某种利益，充分展示汽车最能满足和吸引客户的地方。

【详细解读】

一、了解FAB法则

FAB法则，即属性、作用、利益的法则，FAB对应的是三个英文单词Feature、Advantage和Benefit的缩写。

1.属性（Feature）

属性就是汽车所包含的客观现实，比如材料、外观等。属性是有形的，可以让客户真切地看到、摸到。

这就要求汽车销售顾问必须对自己所销售的汽车有足够的认识和了解，发掘产品的潜质，找到其他人所忽略的地方。

2.作用（Advantage）

作用就是汽车可以给客户带来的用处，是根据汽车的特性总结出来的特殊功能，用来解释汽车的属性如何能被利用，可以回答客户"它能做到什么"的疑问。

3.利益（Benefit）

汽车销售顾问要明白，客户最关注的是汽车所能带给他们的好处，就是如果购买了你所推荐的汽车，可以获得哪些利益。

二、FAB介绍法准备事项

汽车销售顾问在使用FAB介绍法前，需要做好各项准备工作，比如熟悉所销售的各款车型，可以将其属性、作用、利益等各方面罗列出来，做好产品介绍工作。

三、FAB介绍方法

汽车销售顾问在运用FAB法进行介绍时，可以运用一定的方法，具体如下表所示。

FAB介绍方法

序号	技巧	具体内容	备注
1	连续肯定	（1）通过连续提问引导客户连续做出肯定性的回答 （2）提问从最简单易答的问题开始，直至引导客户做出购买决定	客户不断地询问，销售顾问均给予肯定性回答，直至客户做出购买决定或者又提出新的需要讨论的问题
2	观点求同	（1）自己的观点中客户所同意赞成的 （2）客户的观点中可以用来进一步阐述的	这两种情况以第二种为好，因为是建立在客户观点的基础上，容易取得客户的信任
3	得寸进尺	（1）先提出一个小的请求，再提出一个大的请求 （2）先提出一个容易做到的请求，再提出一个不太容易做到的请求 （3）先就细小问题提出一个请求，再就原则性问题提出一个请求 （4）先提出前一个请求后暂不提出后一个请求	之所以会前后两个都同意，是两个请求存在着连带关系，从人们心理的角度看，是因为人们觉得既然答应了第一个请求，也就有责任再答应第二个请求
4	以退为进	（1）先介绍高档次的，客户表示不能接受时再介绍低档次的 （2）应客观地介绍较为廉价的另一种，成功的可能性会大大增加	这样给了客户足够的尊重和选择

第四章
车辆展示与介绍技巧

续表

序号	技巧	具体内容	备注
5	引导注意	（1）客户所问及或谈及的事情属于汽车经营中的敏感问题或商业秘密，不便细说，只能简单带过，马上转入其他话题 （2）客户在交流中跑题，漫无边际，要设法使对方的注意力重新回到正题上来	既不能与之争论，也没有必要去纠正，或不置可否，或简单带过即可
6	逻辑引导	（1）当客户主要考虑汽车的质量水平、技术性能、成分构造时，主要体现的是理性动机 （2）但当涉及美或不美、时尚与否时，更多的是从情绪、情感上进行考虑	了解不同人的不同思维逻辑，按照他们习惯的思维方式去进行劝说引导
7	调动情感	一个让客户接受观点的过程，也是一个调动客户情绪的过程	客户接受了汽车销售顾问的观点，情绪就容易被调动起来；客户的情绪被调动起来，也就容易接受汽车销售顾问的观点
8	委托代言	当客户表现出较强的购买意图，又担心周围的人可能会持怀疑、反对态度而犹豫不决时，汽车销售顾问应主动地站在客户一边，为其提供证明、证据，支持客户做出购买决定，以缓解客户自己感觉到的环境压力	这是一种汽车销售顾问与客户达成的结盟策略
9	损益对比	将购买的好处与不购买的损失加以对比，以促成客户作为购买决定	善于识别不同客户的风险偏好，在劝说中巧妙地运用损益对比来说服客户
10	两项选一	（1）尽量把选择的范围缩小到只有两项 （2）对选择的顺序做精心安排，即使劝说、促销的重点放到后面	对比方法的具体运用，遵从的是选择原则

四、FAB介绍技巧

汽车销售顾问在使用FAB方法介绍汽车时，需要掌握一定的技巧，具体如下图所示。

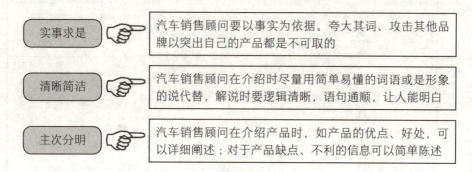

FAB介绍技巧

实事求是：汽车销售顾问要以事实为依据。夸大其词、攻击其他品牌以突出自己的产品都是不可取的

清晰简洁：汽车销售顾问在介绍时尽量用简单易懂的词语或是形象的说代替，解说时要逻辑清晰，语句通顺，让人能明白

主次分明：汽车销售顾问在介绍产品时，如产品的优点、好处，可以详细阐述；对于产品缺点、不利的信息可以简单陈述

比如，某款车有一个倒车雷达，该如何用FAB的方法向客户做介绍？

首先用F这个配置来说，这辆车上有倒车雷达，汽车销售顾问在向客户介绍的时候，不能只告知客户这款车有倒车雷达就完了。还应提示客户倒车雷达有什么作用，即它在倒车的时候怎么样可以提示你车后面有没有障碍物；从而让你避免出现人、车、物的意外伤害。

通过这样的介绍，客户就会了解这个装备会给他带来什么样的好处。如果汽车销售顾问只是告知客户这款车有倒车雷达，那么他并没有考虑到倒车雷达会给他带来什么样的好处，他就不会在自己的脑子里加深这款车优越性的印象。

不同品牌或来源的ABS如何进行比较？

有的客户会问销售人员，"现在很多车都有ABS，你这辆车的ABS是哪里生产的，大家都有ABS，哪个ABS更好呢？有什么不同呢？"

这时思路要往下延伸。ABS也有区别。汽车销售顾问在做产品介绍的时候，首先要了解设备的来源。进口的ABS和国产的ABS，其制动距离显然是不一样的。国内有一些车是合资的，但搭载的ABS是进口的，而很多国内生产的车也有ABS，但是大多数是国产的。进口车搭载的ABS因为是进口件，所以费用比较高，国产件的费用会稍微低一些，但这两个ABS的作用效果显然是不一样的。（有数据表明，进口的ABS在120千米的时速上踩刹车，车辆在滑行了41米的距离后停下来。国产的ABS从时速120千米到0的刹车滑行了46.5米。）

第四章
车辆展示与介绍技巧

买车就是要注重性价比。ABS也是作为性价比当中的一项指标，可以这样跟客户说，你的长项就是你的优势，这就是介绍车辆的技巧和方法。

休闲小吧

哥伦布是15世纪著名的航海家。他经历千辛万苦终于发现了新大陆。对于他的这个重大发现，人们给予了很高的评价和很多荣誉，但也有人对此不以为然，认为这没有什么了不起，话中常流露出讽刺之意。

一次，朋友在哥伦布家中做客，谈笑中又提起了哥伦布航海的事情，哥伦布听了，只是淡淡一笑，并不与大家争辩。

他起身来到厨房，拿出一个鸡蛋对大家说："谁能把这个鸡蛋竖起来？"

大家一哄而上，这个试试，那个试试，结果都失败了。

"看我的"，哥伦布轻轻地把鸡蛋的一头敲破，鸡蛋就竖起来了。

"你把鸡蛋敲破了，当然能够竖起来了呀！"人们不服气地说。

"现在你们看到我把鸡蛋敲破了，才知道没有什么了不起，"哥伦布意味深长地说："可是在这之前，你们怎么谁都没有想到呢？"过去讽刺哥伦布的人，脸一下子变得通红。

点评

销售与哥伦布发现新大陆一样，结果出来后人们会评头论足，但是在这之前却没有人想到这一点，没有人去突破。所以努力研究销售规律，创新方法，其余的让别人去说吧，你只要能打动你的客户就行！

车辆介绍的原则

【要而言之】

销售顾问在向客户介绍车辆时，既要突出汽车的特点和重点，又要方便客户参观和操作，同时也要符合执行的标准，以视线能看到的地方来评价。这就需要销售顾问在介绍产品时遵循一定的原则。

【详细解读】

一、了解产品

只有销售顾问对本产品及本行业的知识掌握熟练，才能在产品展示与介绍过程中扬长避短，发挥优势。应掌握的产品知识包括以下几点。

（1）产品的硬件特性。包括产品的性能、品质、材料、制造方法、重要零件、附属品、规格、改良之处及专利技术等。

（2）产品的软件特性。包括产品的设计风格、色彩、流行性等。

（3）产品的使用知识。包括产品的用途、操作方法、安全设计、使用注意事项及提供的售后服务等。

（4）产品的交易条件。包括产品的付款方式、价格条件、物流状况、保证年限、维修条件、购买程序等。

二、用顾客听得懂的语言介绍

销售顾问在进行产品介绍的时候，一定要用顾客听得懂的语言来进行介绍，要肯定顾客能够听明白你的语言。你每讲一个产品的亮点，每讲一个专业术语时，都要观察客户是否能接受，他听懂了没有。

比如，说到功率的时候你告诉他多少马力就可以了，功率乘以1.363，马上就换算成马力了。当你讲扭矩时，你可以把它形容成是牛拉车的拉力，是牵引力。其实我们开车的时候会有这种感觉，当车爬坡的时候将挡位放在四挡、五挡很难上得去，就算能上得去，发动机的声音也已经很难听了。道理就是转速虽然上去了，但是动力不够，所以你这个时候要告诉他，速度用马力来表示，力量用牛力来表示，牛虽然跑得慢，但是牛能拉得动车辆。

小提示

引用专业术语、行话一定要用通俗易懂的语言表达清楚，千万不要故弄玄虚，让顾客不知所云。

三、让客户参与进来

汽车销售顾问在进行车辆展示的过程中，要保证客户已经在接受和了解你所陈述的信息，如果只是单向的陈述是没有任何用处的。因而可以让客户参与到车辆的展示中来，与客户进行有效的交流，让客户向销售顾问进行提问，这样更有利于了解客户的动机和要求。最后，让客户亲力亲为，在展示车辆的时候，可以边介绍，边让客户切身体会你精彩的车辆描述。

四、再次确定客户的需求

客户的需求不是一成不变的，会根据不同的因素而改变，所以在对客户进行车辆展示和介绍的过程中，要再次确定客户的需求。为了卖给客户最适合的车，应该通过销售顾问的合理化建议满足顾客的需求，而建议前就该要确定客户的需求。只有这样，才能促进交易的顺利进行。

车辆介绍的技巧

【要而言之】▶▶▶

对于销售顾问来说，要想在短时间内针对客户真正的关注点进行产品介绍，需要掌握产品知识，充分了解产品的特性。此外，还需掌握一定的技巧，唯有如此，介绍的时候才能针对客户的需求，给客户留下深刻的印象，提高成交率。

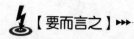【详细解读】▶▶▶

一、适时赞美顾客

巧妙地介绍自己的产品，适时地赞美顾客，将产品的优点与顾客的利益点有效地结合起来，能赢得顾客的好感与信任。

二、不要隐瞒产品的缺点

任何产品都会存在一些缺陷，这些缺陷固然会不利于销售，但你也不要把产品缺陷当作秘密，因为这是一种欺骗行为，一旦顾客发现你有意隐瞒，势必会影响你的信誉。因此，你可以当着客户的面将缺点"全盘托出"，然后想办法突出介绍产品的优点，化缺点为优点。

三、学会处理意外情况

产品展示与介绍中可能会有意外的情况发生，可能是销售顾问介绍错误，也可能是客户的理解错误。无论是哪种情况，销售顾问都要学会处理意外情况，并做到以下几点。

（1）如果是销售顾问的错误，应马上修正自己的错误并向顾客道歉。

（2）如果是客户的错误，应面露微笑，诚恳地安慰客户。

（3）别在客户面前说第三者的坏话。

（4）要保全顾客的面子。

四、车辆介绍的话术技巧

1."专门为您"的话术技巧

为了让汽车产品展示能够达到预期的效果，还必须让客户有足够的时间准备和心理准备，调整好客户的心态。只要客户认可，均能够得到较好的配合。同时，这里还应该用"专门为您"表明这是提供给客户的门服务。

 情景再现

通过"专门为您"切入正题

汽车销售顾问：这位女士，准备看什么样的车？

客户：这款车怎么样？

汽车销售顾问：您真有眼光，凡是来到我们展厅的，都会首先对这款车产生浓厚的兴趣。

客户：为什么？

汽车销售顾问：是因为这部车与其他的车不同，有自己独到的特点，虽然它是同级车中最贵的，但却是同级车中最与众不同的。

客户：有什么不同？

汽车销售顾问：如果您方便的话，我只要花30分钟的时间专门向您做一个重点介绍，您就可以了解到为什么最受欢迎。

客户：你说吧！

销售顾问：……

2.解答客户疑问的话术技巧

不时对客户表示赞赏,从客户准备解决的问题入手,这样能够更好地消除客户的抗拒心理。询问客户关注的问题,如果客户表示没有问题的话,就可以顺势要求成交,进入成交的洽谈环节。

 情景再现

通过"真有眼光"消除客户的抗拒心理

汽车销售顾问:您好!我是这里的销售顾问小王,看你们这么认真的神情,一定是对这款车非常有兴趣。有什么需要我帮助的?

客户:我们今天是来看一下这款车,想了解一下这款车与××牌的××车有什么不同?

汽车销售顾问:你们真有眼光,能够把这两个不同品牌的车型放在一起比较,想必是想在这两款车中进行选择了?

客户:我们已经看了很久,主要在两款车中比较,看哪一个更适合我们。

汽车销售顾问:在我给你们做介绍前,我想请教一下,你们最想了解这款车哪方面的情况?

客户:主要是变速器,为什么××款同级车用的是五速的手自一体化变速器,而这款车用的是四速的手自一体变速器?听很多人说,四速的变速器不如五速的好。

汽车销售顾问:这个问题问得很专业,不是每一位买车的客户都会提这个问题。从一般的情况看,五速的变速器似乎要比四速的好,其实这是一种误解。

客户:怎么说?

汽车销售顾问:一辆车最重要的是发动机和变速器的性能表现及它们之间的匹配。如果该款车的发动机输出功率与转矩的曲线在一个比较大的转速范围内非常平滑,就像这张图上所显示的那样,那么四速的变速器与之匹配就已经充分发挥作用,让速度变化非常平滑,可以达到完美的境界。

> 在这里,您会看到,发动机的表现才是选择的核心问题,否则就是舍本逐末了。无论您今后选择这两款车的哪一款,如果您所要挑选的那款车的发动机达不到这样的表现水平的话,那么就要重点考虑一下这款车的变速器与发动机是否真的能够匹配了。
>
> 　　客户:原来如此。
>
> 　　汽车销售顾问:除了这个问题,您还需要了解哪些方面呢?

3.引发客户好奇心的话术技巧

　　在每一个方向或阶段介绍时,一定要学会用"询问"的方式先引起客户的好奇,之后再给他们答案。由于方式的不同,最终的结果也会是不一样的。

 **情景再现**

通过不断询问引发客户的好奇心

　　汽车销售顾问:您好!我是这里的销售顾问小张,你们一直在观看这款车,想必对这款车非常有兴趣。有什么需要我帮助的?

　　客户:我们今天是来看一下这款车,想了解一下这款车与××牌的××车有什么不同?

　　汽车销售顾问:您是需要我做全面介绍呢?还是针对您的问题做重点介绍?

　　客户:这款车我们不太了解,最好做一下全面介绍。

　　汽车销售顾问:如果对这款车做全面的介绍,大约需要40分钟的时间,您看,没有问题吧?

　　客户:没有问题,我今天刚好有空。

　　汽车销售顾问:好的,我们就从这款车的前部开始吧。您看,这是前大灯,您有没有发现与众不同?

　　客户:有什么不同?

　　汽车销售顾问:这款车的大灯采用了最新的设计潮流,转向灯设置在

> 大灯的上部，就像宝马轿车一样，比其他的车灯设计更加吸引路人。您未来要买车最好有这样的大灯才不会落伍。
> ……

4.激发客户占有欲的话术技巧

借用某些特殊的句型，如"当您拥有""您将会发现""当您成为"等激发客户占有这款汽车的欲望。运用"成功的象征"进一步激发客户的占有欲，强化客户的事业成长和周围朋友的认同。

 **情景再现**

运用"成功的象征"激发客户的占有欲

汽车销售顾问：听了我刚才的介绍，一定对这款车有了一个较为全面的了解了吧？

客户：现在清楚很多了。

汽车销售顾问：那您有没有想过，当您拥有了这辆车以后，您的客户会不会对您及您的公司刮目相看？

客户：这是我必须考虑的问题。

汽车销售顾问：您将会发现，当您成为这款车的主人时，将标志着您的事业又上到了一个新的高度，同时也会让您的朋友为您而感到自豪。

客户：这也是我所期望的。

汽车销售从入门到精通
从目标到业绩的高效销售技巧

第五章
客户试乘与试驾技巧

导言

　　试乘试驾是加强客户购买信心的重要手段之一，同时也是提升客户满意度的必要保证。这个过程是销售的绝佳时机，汽车销售顾问一定要好好利用。

销售冠军成长记系列

本章导视图

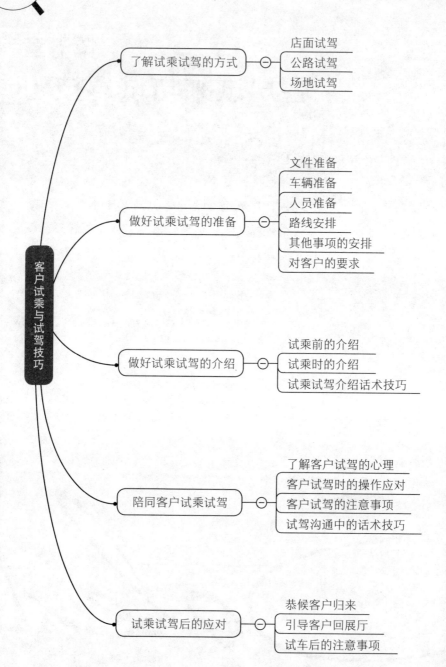

- 客户试乘与试驾技巧
  - 了解试乘试驾的方式
    - 店面试驾
    - 公路试驾
    - 场地试驾
  - 做好试乘试驾的准备
    - 文件准备
    - 车辆准备
    - 人员准备
    - 路线安排
    - 其他事项的安排
    - 对客户的要求
  - 做好试乘试驾的介绍
    - 试乘前的介绍
    - 试乘时的介绍
    - 试乘试驾介绍话术技巧
  - 陪同客户试乘试驾
    - 了解客户试驾的心理
    - 客户试驾时的操作应对
    - 客户试驾的注意事项
    - 试驾沟通中的话术技巧
  - 试乘试驾后的应对
    - 恭候客户归来
    - 引导客户回展厅
    - 试车后的注意事项

了解试乘试驾的方式

【要而言之】

试乘试驾是销售顾问促进销售成功的最重要的方式,为了满足并超越客户期望,销售顾问务必主动提供"体验式"服务,主动邀请客户试乘试驾。试乘试驾有以下三种不同的体验方式。

【详细解读】

一、店面试驾

店面试驾是最常见的体验方式之一,一般就在汽车4S店周边附近,针对对象主要是邀约或来店的意向客户;对参与者的安排,则尽量减少试驾前的等待时间以及延长试驾后的交流时间。

二、公路试驾

对于公路试驾,需要提前安排食宿及针对性的引导,因此接待及组织工作相对复杂一些,针对对象主要是俱乐部会员、老客户、媒体工作者。对参与者的安排,则突出团队的意识及安排的体贴,加强路途中的交流,同时留有合理的休息观光时间。

三、场地试驾

根据实际的需求选择场所,规划具体的体验项目,针对对象主要是邀约客户(含意向客户、老客户、会员、媒体工作者),常见的体验方式如媒体试驾会;对参与者的安排，需要考虑组织有序，接待周到，讲解细致，避免长时间等待。

三个旅行者同时住进一家旅馆。早上出门时，第一个旅行者带了一把雨伞，第二个旅行者拿了一根拐杖，第三个旅行者则两手空空。

晚上归来时，拿着雨伞的人淋湿了衣服，拿着拐杖的人跌得全身是泥，而空手的人却什么事情都没有。前两个人都很奇怪，问第三个人这是为什么。

第三个旅行者没有回答，而是问拿伞的人，"你为什么淋湿而没有摔跤呢？"

"下雨的时候，我很高兴有先见之明，撑着雨伞大胆地在雨中走，衣服还是淋湿了不少。泥泞难行的地方，因为没有拐杖，走起来小心翼翼，就没有摔跤。"

再问拿着拐杖者，他说："下雨时，没有伞我就找能躲雨的地方走或者是停下来休息。泥泞难行的地方我便用拐杖拄着走，却反而跌了跤。"

空手的旅行者哈哈大笑，说："下雨时我找能躲雨的地方走，路不好走时我细心走，所以我没有淋着也没有摔着，你们有凭借的优势，就不够仔细留意，以为有优势就没有问题，所以反而有伞的淋湿了，有拐杖的摔了跤。"

点评

在营销过程中，优势是相对的，只有凭借客观的营销环境创造优势才能够取胜市场。

做好试乘试驾的准备

【要而言之】

汽车销售顾问在陪伴客户试乘试驾前，需要准备好相应的文件、安排好车辆、规划好路线，以便让客户有良好的体验。

【详细解读】

一、文件准备

在试驾前需要准备的文件有试驾预约记录表、试驾登记表、试驾协议书。

二、车辆准备

汽车销售顾问要为客户配备符合要求的试乘试驾车，专车专用，证照齐全。对于试驾车辆，汽车销售顾问必须做好检查工作，保证各项功能处于最佳状态。

汽车销售顾问要选择客户喜欢的车型，如果无法完全符合，需尽量挑选接近客户确认的要求与愿望的车。

汽车销售顾问在车辆准备中，需要注意的事项如下图所示。

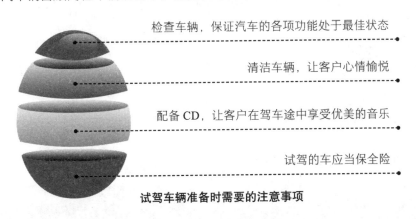

试驾车辆准备时需要的注意事项

三、人员准备

试乘试驾对汽车销售顾问的要求有下面几点。
（1）汽车销售顾问必须具有合法的驾驶执照。
（2）若汽车销售顾问驾驶技术不熟练，则请其他合格的销售顾问驾驶，自己陪同。
（3）若公司有试乘试驾专员，销售顾问则陪同客户。

四、路线安排

汽车销售顾问要规划好试车路线，确保行车安全，注意要确保客户有足够时间体验车的性能。对试乘试驾的路线安排需注意以下几点事项。
（1）应选择路长超过1000米、宽超过4米、车流量较少、平直的路面。
（2）在展厅内设置试乘试驾路线图示，随车放置"试乘试驾路线图"。
（3）统一规划标准试乘试驾行驶路线图。
（4）路线规划时，设定试乘试驾时间为15～20分钟。
（5）路线规划时，最高车速不得超过80千米/时。
（6）路线规划时，应参照车辆性能来进行路况设定，尤其是越野车型。

五、其他事项的安排

汽车销售顾问为了保证客户更好的体验试驾的效果，还需注意以下几点。
（1）对客户进行车辆的操作说明，保证工作的安全性。
（2）说明自动变速箱、排挡锁的使用方法。
（3）说明座椅、方向盘的调整等。
（4）说明灯光和仪表灯的使用方法。

六、对客户的要求

销售顾问在客户试乘试驾前要确定以下几点。

第五章
客户试乘与试驾技巧

（1）确认驾龄和驾照。询问客户驾龄和是否带驾照，并邀请客户坐下来。

（2）如果客户带了驾照，请客户出示并查验，登记客户信息，告知客户阅读试乘试驾须知并签字，期间复印驾照。

（3）如果客户没带驾照或实际驾龄不满一年，向客户解释只能试乘，登记客户信息，告知客户阅读试乘试驾须知并签字。

（4）如果确认客户能够试驾，则向客户简要介绍路线图和体验点，告知客户先试乘后试驾，以及大概路程和时间。

销售语录：由于消费者个性化、差别化的消费需求，销售人员应站在客户的立场上去体会他的需求和想法，只有充分了解不同消费者的购买特性与心理，才能更好地向其提供建议，从而取得顾客的信任，最终达成交易。

做好试乘试驾的介绍

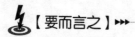

客户在试乘试驾时,销售顾问应针对客户需求,详细介绍产品的卖点,以此提升客户的购买信心。

【详细解读】

一、试乘前的介绍

汽车销售顾问要在客户试乘前就让他感受汽车的一些功能和性能,增加客户的体验感。客户试乘前介绍要点,如下表所示。

客户试乘前介绍要点

序号	关键点	具体说明
1	引荐试驾专员	带客户到试乘试驾区,汽车销售顾问向客户引荐试驾专员
2	引导客户进入副驾驶位置	汽车销售顾问用手挡在车门上侧进行保护,客户进入副驾驶位置后帮助客户调节座椅,关闭车门
3	试驾专员进入主驾驶位置	提醒客户系好安全带,将自己手机设置为振动或静音状态
4	体验怠速静音效果	(1)发动车辆,怠速工况下请客户听车内静音效果 (2)将一瓶矿泉水放在仪表台上 (3)请客户用手摸仪表台,感受车辆的振动
5	体验音响效果	(1)播放 CD (2)挑选客户喜欢的曲目 (3)根据客户感受调节合适音量

续表

序号	关键点	具体说明
6	介绍方向盘及蓝牙	简单介绍中央固定集控式方向盘,询问客户手机是否具有蓝牙功能(客户愿意的话,尝试进行设置连接)
7	调节空调	将温度调节至客户舒适的度数
8	检测胎压	进行胎压检测操作,提醒客户看组合仪表上关于车辆胎压是否正常的提示信息
9	介绍体验点	试乘时的体验点有起步平顺性、静音效果、转弯稳定性、动态舒适性、动力性、刹车灵敏性、换挡平顺性等

二、试乘时的介绍

在客户试乘时,汽车销售顾问一定要努力抓住这个机会向客户介绍所试乘汽车的各项性能和功能,如起步平顺性、静音效果等,特别是客户比较注重的性能和功能,一定要尽可能地让客户感受到。客户试乘时的介绍要点,具体如下表所示。

试乘试驾时介绍要点

序号	关键点	具体说明
1	体验起步平顺性	(1)第一脚轻踩油门踏板起步 (2)第二脚缓慢加大油门,转速控制在2500转/分钟以内,加速至45千米/时,收油门并保持时速
2	体验匀速静音效果	(1)将车速保持在45千米/时左右,匀速行驶(或者开启定速巡航匀速行驶) (2)将CD音量调到0,客户感受完后再恢复
3	体验转弯稳定性	(1)提示客户前方右转,请扶好 (2)缓慢向右打方向盘,勿一次性打死 (3)以40千米/时转弯,车身走线弧度尽可能大
4	体验颠簸路面舒适性	(1)行驶至颠簸路面处,先减速至20千米/时左右 (2)把握好方向,保持匀速通过减速带,提醒客户感受底盘减振性能和乘坐舒适性 (3)让客户观察水杯水面幅度的变化

续表

序号	关键点	具体说明
5	体验限速功能	（1）打开限速功能，设定限制速度为40千米/时 （2）踩油门踏板，体验限速功能
6	体验加速时的动力性	（1）轻踩油门踏板至车速为30～40千米/时 （2）观察前方路况后再加大油门至1/2，车速为60～80千米/时时收油门，然后轻踩油门踏板保持时速
7	体验制动灵敏度和刹车稳定性	（1）观察后方车辆距离，先踩刹车踏板1/3左右减速，并提醒客户扶好 （2）逐步加大力量踩至1/2，车速迅速下降 （3）车辆快停的时候放一放，最后一脚将车辆刹停在斑马线前
8	体验定速巡航	（1）先提速，再收油门自然减速至50千米/时 （2）打开定速巡航功能，设定巡航速度为50千米/时
9	体验换挡平顺性	（1）加速：缓慢加大油门至1/2，加速至60千米/时时收油门，然后再轻踩油门踏板保持时速 （2）减速：控制踩刹车踏板的力量，先踩1/3左右，然后根据车速再逐步加大力量或松开，车速降到30～40千米/时即可，不要一脚猛踩出现"点头"现象

若有多人参加试乘试驾，则请其他客户坐在车辆后排座位，确认车上所有人员系好安全带，提醒安全事项，汽车销售顾问将车辆驶出试乘试驾车停车区域，示范驾驶，汽车销售顾问驾驶时依车辆行驶状态进行车辆说明，展示车辆特点。

试乘试驾中更换驾驶员的操作要点

在试乘试驾过程中更换驾驶员时，汽车销售顾问的操作要点如下表所示。

更换驾驶员的操作要点

序号	关键点	具体说明
1	更换驾驶位	在安全路段靠边停车，更换驾驶位，请客户坐到驾驶舱，做好保护手势
2	体验迎宾功能	请客户使用钥匙关闭电源、打开车门，打开电源、关闭车门，体验迎宾功能
3	调节座椅、后视镜、方向盘高度	询问客户座椅位置是否合适，如果不合适则引导客户调节座椅、方向盘，打开车窗，引导客户将后视镜调至最佳状态，确认客户是否系好安全带
4	感受视野，提醒客户手机设成振动或静音	可让客户感受一下视野，并建议客户把手机设置成振动或静音
5	基本操作介绍	给客户简要介绍基本的操作键，如喇叭、转向灯，并询问客户以前是否驾驶过自动挡车辆，若没驾驶过自动挡车辆，应给客户介绍使用方法，并让客户踩住刹车踏板体验换挡
6	方向盘和仪表介绍	向客户介绍方向盘的按钮操作，尤其是定速巡航、限速器的开启与关闭，以及速度"+""-"点按与长按的区别，并介绍仪表显示的信息

三、试乘试驾介绍话术技巧

1.试启动的话术技巧

在启动过程中，适时地向客户介绍产品的优越性能，让客户更加认可自己的选择。

 情景再现

启动时边操作边介绍

汽车销售顾问：发动机刚打着的声音会比正常运转时响一点，这是因为发动机的最佳工作温度要90摄氏度，冷车时发动机会自动转得快一点，

让车辆尽快达到最佳温度。

客户：是吗？

汽车销售顾问：是的，大概两分钟发动机转动速度会降到正常状态，你可以留意一下。

客户：好的，我注意听听。

汽车销售顾问：您听到声音变小了吧，对我们车辆的发动机的怠速自动调整这个功能还满意吧？

客户：可以，挺好的。

2. 试起步的话术技巧

在交谈过程中，可以适时地向客户介绍一些车辆使用经验，以赢得客户的好感与信任。

 **情景再现**

操作过程中向客户介绍车辆的使用经验

汽车销售顾问：现在我们就去试试车吧，我学车的时候师傅告诉我，起步平稳是很重要的，会直接影响到油耗、轮胎磨损、将来的二手车残值等。

客户：就是，起步一定要平稳。

汽车销售顾问：为什么出租车的二手车价格那么低就是因为他们不注意这些方面，影响了整个车辆的性能。

客户：哦。

汽车销售顾问：你觉得我们的起步很平稳吧？

客户：还好吧！

3. 试隔音的话术技巧

通过实景测试，展示产品的性能，更能打动顾客。

第五章
客户试乘与试驾技巧

 **情景再现**

通过实景测试展示产品性能

汽车销售顾问：张先生，你也觉得外面很嘈杂吧？现在我把窗关上，您听一下我们车辆的隔音效果如何。

客户：嗯，好的。

汽车销售顾问：怎么样？感觉安静了好多。

客户：就是，外面的声音变小了好多。

汽车销售顾问：那您觉得我们车辆的隔音效果挺不错吧？

客户：不错。

4.试提速的话术技巧

现场操作与亲身感受，能加深顾客对产品的了解，同时加以专业的介绍，更能激发顾客的购买欲望。

 **情景再现**

让客户亲身感受产品性能

汽车销售顾问：张先生，请您坐好了，我们现在试一下这辆车的提速，您往座椅靠好，同时扶好扶手。

客户：好的。

汽车销售顾问：看提速主要留意两个方面，一是有没有推背感，二是发动机的声音是不是很浑厚，要没有金属摩擦的杂音。

客户：是这样的呀？

汽车销售顾问：刚刚您感觉到推背感了吧？

客户：嗯，就是。

汽车销售顾问：您注意到了吗？当我深踩油门踏板时，发动机的声音很浑厚，而且没有多余的杂音吧？

客户：注意到了，是没有多余的杂音。

5.试刹车的话术技巧

从大家都熟悉的问题入手,提出解决问题的方法,并用真实场景模拟,更能体现产品的优越性。

 **情景再现**

用真实场景模拟突显产品优越性

汽车销售顾问:张先生,您开过车,也知道我们在路上最怕遇到突然蹿出自行车或人等情况,我们会紧急刹车同时打方向盘,对不对?

客户:对,就是怕突然蹿出个人来。

汽车销售顾问:我们现在的时速是60千米,马上就试一下紧急刹车,同时我会打一把方向,请您坐好扶稳。

客户:好的。

汽车销售顾问:刚才您听到那种"啪啪"的声音了吧,这就是ABS在工作了,它其实是在帮我们做快速的点刹。

客户:哦。

汽车销售顾问:这样保证我们在急刹车的时候方向盘依然能控制车辆方向,说实在的,我们自己都很放心这辆车的刹车。

客户:是吗?

汽车销售顾问:您对这样的刹车效果满意吧?

客户:满意满意!

6.试转弯的话术技巧

用专业人士的见解引入话题,同时加以现场演练和专业介绍,定能打消顾客的疑虑。

第五章
客户试乘与试驾技巧

 **情景再现**

通过专业介绍打消顾客疑虑

汽车销售顾问：张先生，您有没有了解过，一辆车的底盘好不好，在车辆转弯时就可以很好地体会到？

客户：我听朋友说过。

汽车销售顾问：我之前的一个老师是赛车手，他开过我们这辆车说底盘非常好。

客户：是吗？

汽车销售顾问：我也问了他，他说底盘好不好，车辆转弯后能不能很流畅地回正很重要，同时，车辆的摆动也不能太大。

客户：原来是这样的啊！

汽车销售顾问：我就在前面路口给您演示一下转弯。

客户：好的。

汽车销售顾问：您看我们的车辆，不需要过多的额外干预，只要轻轻地扶着方向，它就自动回正了。而且摆动幅度很小，坐车的人感觉很舒服也很有安全感，这个底盘调校得真不错！您觉得是不是啊？

客户：对。

 当客户对你的产品与服务不了解时，请不要轻易提供产品样本与资料，除非你与客户相距非常遥远。

陪同客户试乘试驾

【要而言之】

销售顾问应陪同客户一起,通过专业的试乘试驾,使客户对产品性能有进一步的良好体验,加强客户的购买信心。

【详细解读】

一、了解客户试驾的心理

汽车销售顾问要熟悉客户试驾的心理,以便"对症下药"。客户试驾的心理主要有三种,具体如下图所示。

- **需要给出参考意见**
  客户希望汽车销售顾问陪同,在试车时可以随时提供信息,以便正确操作

- **乘坐多辆车**
  为了扩大挑选的范围,以便发现最合适自己驾驶的车辆

- **喜欢独自欣赏**
  客户希望随同的汽车销售顾问保持安静,独自体会驾车的乐趣

客户试驾心理

二、客户试驾时的操作应对

汽车销售顾问确定好客户的试驾心理后,要有对应的销售策略,一般会对其驾驶操作有一定的应对。客户试驾时销售顾问的操作应对如下表所示。

客户试驾时销售顾问操作应对

序号	关键点	说明	话术范例
1	体验起步平顺性	(1)提示客户缓踩油门踏板起步 (2)告知客户行车落锁的声音	"刚才您听到的是行车自动落锁的声音"
2	体验匀速静音效果	(1)提醒客户匀速驾驶,体验车内静音效果 (2)询问客户车内静音效果是否很好	"这款车行驶时噪声很小,您听听,是吧?"
3	体验转弯稳定性	(1)提示客户前方路口右转 (2)提醒客户体验车辆的转弯稳定性 (3)转弯后询问客户车辆操控感受,以及稳定性是否很好	"前方路口右转……转向精准,转弯稳定,侧倾小,您感觉是这样吗?"
4	体验颠簸路面舒适性	(1)提示客户前方有一段颠簸路面,先减速到20千米/时,再匀速通过减速带,感受底盘减振性能和乘坐舒适性 (2)询问客户汽车底盘和悬架是否不错,舒适性是否很好	"车身晃动小,减振非常不错,是吗?"
5	体验加速的动力性能	(1)观察前方路况,当车速为30~40千米/时且路况好时,提醒客户加速,体验车辆的加速性能 (2)询问客户加速性能是否很好	"您看,提速很快,动力性很好,您觉得呢?"
6	体验刹车灵敏性和稳定性	(1)车速60千米/时左右,观察后方路况,当后方没有紧跟车辆时,提醒客户体验刹车性能 (2)询问客户刹车是否灵敏	"您感觉刹车是否灵敏?"
7	体验限速和定速巡航功能	(1)提示客户开启限速功能,并设定限制速度为40千米/时 (2)车速到了40千米/时后,提示客户再踩油门踏板车辆也不会超速 (3)提示客户开启定速巡航功能,并设定巡航速度为50千米/时 (4)提醒客户可松开油门踏板,用手调节巡航速度的"+""-"	"这段路上车流量小,您可以体验一下车辆限速和定速巡航功能"

续表

序号	关键点	说明	话术范例
8	体验换挡平顺性	（1）让客户自由驾驶，体验车辆的换挡平顺性 （2）询问客户车辆加减速时车辆换挡是否很平顺	"加速和减速非常平顺，丝毫感觉不到一点冲击和顿挫，是吧？"
9	体验外后视镜倒车辅助和雷达提醒功能	回到试乘试驾区后，让客户倒进车位，并提示使用外后视镜，向客户介绍外后视镜向下小角度翻转功能，以及屏幕上显示和声音提示	

三、客户试驾的注意事项

试驾时让客户自己体验车辆性能，汽车销售顾问提醒客户体验重点。同时观察客户的驾驶方式，挖掘更多的客户需求。若客户在试驾过程中有危险动作，又不听陪同人员劝告的，汽车销售顾问应果断终止试驾。汽车销售顾问在客户试驾时，需要注意以下几点事项。

（1）确认客户留意一般的安全措施：调整座椅和方向盘，系紧安全带，调整内外视镜，关闭手机等。

（2）客户驾驶时，汽车销售顾问应避免过多的谈话，让客户集中精力驾驶并亲自感受车辆的反应。

（3）建议客户实验不同的操纵方式，更好地展示车辆的质量。

（4）试驾结束前，汽车销售顾问要询问客户是否喜欢这次试驾，是否对车辆所有特征感到满意等一些能获得积极答案的问题。

客户试驾结束前汽车销售顾问可询问客户这样一些问题，如下图所示。

试驾结束前问客户的问题

四、试驾沟通中的话术技巧

对每一个配置从各个侧面进行强化，再进一步充分调动客户的"听觉""触觉""感觉""视觉"去感受，发现并记住先前他们并未发现的特点与利益。必须不断地围绕产品的卖点进行询问、诊断、强化，以期在试驾结束时，让客户舍不得离开，仍有不尽兴的感觉。

调动客户的"四觉"，强化产品的卖点

汽车销售顾问：来，您自己亲自试一下，您更会感觉这是一款非常优秀的车，同时也正是您想要买的那款车。这是带防盗功能的钥匙，只要轻轻一按这个键，车门就会解锁。

客户：是很方便。

汽车销售顾问：您试着开关一个车门，听一下声音是不是很厚重？

客户：确实是。

汽车销售顾问：只有车的档次够，才会有这样的声音，听起来是不是很动心？您再试一下车门开启后的自动关闭功能，您会发现只要轻轻一推车门边缘，无须用力就会自动关好，这可是同级车中唯一的。

客户：的确不错。

汽车销售顾问：来，您做到驾驶座上，自己调节一下这款电动座椅。对，就这样！很正确！共有10个方向调节。这应该就是您要买的那款车应该配备的座椅吧！

客户：是。

汽车销售顾问：再感觉一下这款座椅的包裹性，是否感觉到整个身体都被座椅牢牢地包裹起来？您也知道，只有高档车才会有这种感觉！

客户：不错。

汽车销售顾问：现在，您可以把钥匙插进锁孔，右脚踩刹车踏板，开始启动发动机。请注意再听一下发动机的声音，再次感受一下这款性能优异的发动机给您带来的快感。

客户：油门反应是很灵敏。

汽车销售顾问：您试着加大油门，体验一下提速的感觉，看一下推背感如何？

客户：提速还真快，推背感很强。

汽车销售顾问：这正是您要找的那感觉吧？

客户：没错。

休闲小吧

一群天鹅经常聚集到湖边，在那里挑选合适的地方栖息。天鹅头领还安排了一只天鹅守夜放哨，看见有人来了就鸣叫报警。湖区的猎人熟悉了天鹅的生活习性。

一到晚上，他们有意点亮火把。放哨的天鹅看见了火光，就嘎嘎地叫了起来，猎人又把火弄灭了。等到天鹅受惊飞起来时，什么动静也没有了，天鹅又放心地落回原处休息。

这样反复三四次后，天鹅以为是放哨的天鹅有意欺骗它们，就都去啄它。这时，猎人举着火把向天鹅靠近。放哨的天鹅怕再被其他天鹅啄，不敢再叫。酣睡中的天鹅被猎人一网捕捉，没有一只逃脱。

点评

任何一个企业都会面临着市场的考验，当竞争对手第一次试探的时候，企业建立起来的预警系统——"放哨的天鹅"起到了作用，企业严阵以待，却不见对手有什么反应。但是经过反复试探之后，连企业自己也逐渐放松了警惕，致使竞争对手一战而胜。

第五章
客户试乘与试驾技巧

试乘试驾后的应对

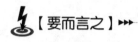

试乘试驾后即是进入成交阶段，这一环节对于销售顾问考验最大。在整个核心销售流程中，试乘试驾是客户体验最集中的环境，在产品及下一步洽谈成交之间扮演着桥梁的作用，将产品优势成功转化为成交机会是试乘试驾的意义所在。

【详细解读】

一、恭候客户归来

（1）站在试乘试驾区旁恭候客户归来。
（2）打开天窗和车窗，为演示一键关闭功能做准备。
（3）提醒客户关闭车辆电源，拔下车钥匙，体验驾驶席座椅自动后退。
（4）帮助客户打开车门，做好客户下车保护手势，客户下车后接过客户交还的车辆钥匙。
（5）正面赞美客户的驾驶技能。

二、引导客户回展厅

试乘试驾的最后一步则是将客户带回到展厅，进行下一步的沟通洽谈。

1.填写试驾反馈表

一般在试乘试驾结束之后，销售顾问都会邀约客户填写试乘试驾反馈表。可能有的客户会对此比较反感，但因反馈表一来能看到客户对于此次试乘试驾的直观感受，二来也能通过此与客户进一步沟通，因此最好在试乘试驾之前就和客户做好沟通。

2.赠送礼品

客户专程到店试乘试驾，说明诚意十足，因此可为客户准备一份小礼物，表示对客户的感谢，也是给客户的一个小惊喜。可在试乘试驾结束后告知客户，"给您准备了一份小礼物，麻烦您跟我一起再到店里去取，感谢您今天专程到店。"

3.制作预算报价单

试乘试驾结束后，为客户制作预算报价是理所应当的，很多时候就算销售顾问不开口，购买意向强烈的客户自己也会要求销售顾问制作报价单。

三、试车后的注意事项

汽车销售顾问在客户试车后，应注意以下几点事项。

（1）请客户填写"试乘试驾客户信息及意见反馈表"。询问试乘试驾以后的感受。

（2）针对客户特别感兴趣的性能和配备再次加以说明，并引导客户回忆美好的试驾体验。

（3）针对客户试驾时产生的疑虑，应立即给予合理和客观的说明。

（4）利用客户试驾后，对产品的热度尚未退却时，伺机引导客户进入购买商谈阶段，自然促使客户成交。

（5）对暂时未成交的客户，要利用留下的相关信息，与客户保持联系。

（6）对每一位客户均应热情地道别，并感谢其参与试驾。

（7）客户离店后，汽车销售顾问应录入SFA。

当客户试乘试驾时，汽车销售顾问要注意如何使用话术，才可以让客户更加满意，最终达到促成交易的目的。

第六章
洽谈成交与签约技巧

导言

　　客户在试乘试驾之后，对汽车便会有进一步的认识。此时，汽车销售顾问可以寻找适当机会向客户报价，若客户有异议，要及时处理，以尽快达成交易，并在第一时间签约。

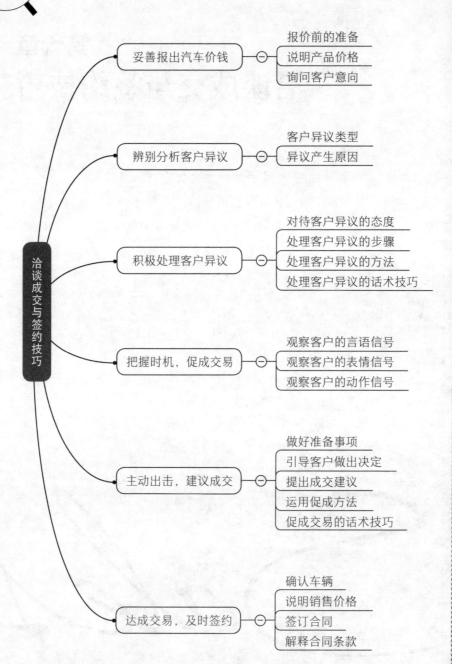

第六章
洽谈成交与签约技巧

妥善报出汽车价钱

【要而言之】

客户在试乘试驾之后,对汽车便会有进一步的认识。此时,汽车销售顾问可以寻找适当机会报价和达成协议。

【详细解读】

一、报价前的准备

汽车销售顾问在报价前需要做好准备,这样可以提前预防应对客户因为价格而存在的异议与犹豫,促使客户更加坚定地做出购车的决定。

(1)汽车销售顾问要保证有一整套完整的材料以完成这笔交易,所有必要的文件都应用一个写有客户姓名的信封装起来。同时准备好所有必要的工具,如计算器、签字笔、价格信息和利率表。

(2)熟悉了解其他品牌店汽车的价格、优惠等竞争情况。

(3)了解潜在客户基本信息,确定客户正确的姓名、工作及家庭地址和电话号码。确定谁是名义上的购买者以及由谁支付款项。

(4)注意搜集其他与客户有关的一般信息,包括具有影响力的人、重要事件(出生、周年纪念)、子女入学情况、最近住所的变化、居住条件的变化等,判断这些信息对客户接受汽车价格的影响。

二、说明产品价格

报出汽车产品价格是一个很关键的环节,这时候一定要努力把控客户的心理,促使交易达成。说明价格后可注意以下一些事项。

（1）请客户确认所选择的车型，以及保险、按揭、"一条龙"服务等代办手续的意向。

（2）根据客户需求拟订销售方案。

（3）对报价内容、付款方法及各种费用进行详尽易懂的说明，耐心回答客户的问题。

（4）说明销售价格时，再次总结产品的主要配备及客户利益。

（5）详细说明车辆购置程序和费用。

（6）让客户有充分的时间自主地审核销售方案。

三、询问客户意向

汽车销售顾问要询问客户是否有购买意向。

（1）确认客户所购车型，以及保险、装饰、按揭、上牌等代办意向。

（2）客户有时不能准确意识到自己的其他需要（如装潢），汽车销售顾问应该提醒客户并讲解其带来的好处。

（3）根据客户需求填写报价单，并给予讲解。

（4）适度压力推销，如车颜色短缺、懂车的人都喜欢这款车型、近来这款车型卖得好、当天提车可以享受优惠等。

销售语录

客户总是愿意为能够解决他们问题的方案付出代价，关键在于你是否帮助他们认识到这些问题与你提供的解决方案之间的对应关系。

第六章
洽谈成交与签约技巧

辨别分析客户异议

【要而言之】

报价后,客户的异议可能会在这个阶段全面爆发。客户的异议或抗拒往往都是在其考虑到将要拥有产品时必须要付出的代价时产生的,汽车销售顾问应能辨别分析客户的真假异议,以便采取相应的处理措施。

【详细解读】

一、客户异议类型

汽车销售顾问应认真辨别客户经常提出的异议类型,对这些类型采取有针对性的行动。

1.真异议

真异议是指客户认为目前没有需要或对汽车销售顾问销售的产品不满意。真异议有两种处理方式,如下图所示。

立刻处理
(1)当客户提出的异议是属于他关心的重要事项时
(2)必须处理后才能继续进行销售的说明时
(3)处理异议后,能立刻要求订单时

延后处理
(1)对权限外或确实不确定的事情,要承认无法立刻回答,但保证会迅速找到答案告诉他
(2)当客户在还没有完全了解产品的特性及利益前,提出价格问题时
(3)当客户提出的异议,后面能够更清楚证明时

真异议的处理方式

2.假异议

假异议通常可以分为两种，一种是指客户找借口，或用敷衍的方式应付汽车销售顾问，目的是不想将自己的需求告诉汽车销售顾问；另外一种是客户提出许多异议，但这些异议并不是他们真正在意的问题。汽车销售顾问一定要能够快速、正确地区分这些假异议的，找到客户需求作为突破口，说服客户达成交易。

3.隐藏的异议

隐藏的异议是指客户并不把其真实异议说出来，其目的是要借此假象达成隐藏异议解决的有利环境。在这种情况下，汽车销售顾问应引导客户将其需求表达出来，投其所好去说服客户达成交易。

二、异议产生原因

汽车销售顾问在与客户进行沟通时，需要了解客户产生异议的主要原因是什么，才能针对问题找出解决异议的方法。客户产生异议有以下三个方面的原因。

1.客户自身的原因

因为客户自身所导致的异议原因如下图所示。

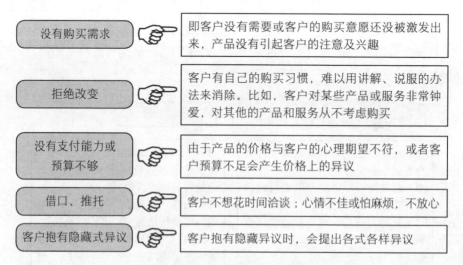

因为客户自身所导致的异议原因

2.汽车销售顾问的原因

因汽车销售顾问方面而产生异议的原因如下。

（1）汽车展示失败。展示失败会立刻遭到客户的质疑。

（2）说明产品时，使用过于高深的专业术语，客户听不懂，无法认同产品，而提出异议。

（3）做了夸大不实的陈述。为了说服客户，往往以不实的说辞哄骗客户，结果带来更多的异议。

（4）销售顾问姿态过高。处处让客户词穷，处处说赢客户，让客户感觉不愉快，而提出许多主观的异议。

（5）不当的沟通。说得太多或听得太少都无法正确把握住客户的问题点，致使产生许多的异议。

（6）汽车销售顾问服务不到位，致使客户心理不平衡，从而提出异议。

3.产品方面的原因

有时候，客户产生异议的原因在于产品，产品方面导致异议产生的原因主要包括以下几点。

（1）产品价格过高。

（2）产品品质、等级、功能、包装、服务等方面无法让客户满意。

（3）产品无法满足客户的需要，如果客户的需要不能充分得到满足，那么客户就会不认同汽车销售顾问提供的产品或服务。

积极处理客户异议

【要而言之】

要知道"嫌货人才是买货人"。处处挑剔的顾客往往是最有购买意向的,处理好客户异议,会为我们打开销售的大门。

【详细解读】

一、对待客户异议的态度

客户异议具有双重性,它既是推销的障碍,也是成交的信号。在销售活动中,客户异议的产生是必然的,汽车销售顾问应采取正确的态度对待异议。对待客户异议的态度,有四个方面,具体如下图所示。

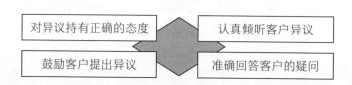

对待客户异议的态度

1.对异议持有正确的态度

客户对汽车销售顾问提出异议,对产品介绍和洽谈的效果会起到一定程度的负面作用,甚至直接阻碍销售洽谈的正常进行,干扰汽车销售顾问的思路、影响成交的结果。

从另一个角度理解,客户的异议使整个销售过程进入一个双向沟通的环节,表明客户对产品产生了兴趣,只是存在疑虑。汽车销售顾问可以从中明确客户对销售建议所能接受的程度。如果此时汽车销售顾问积极对待客户异议,迅速地修正销售技巧,并采用正确、恰当的方法因势利导,消除客户的忧虑,就能使沟通工作顺利进行下去。

2.鼓励客户提出异议

客户有异议表明对汽车感兴趣,有异议意味着有一线成交的希望。汽车销售顾问通过对客户异议的分析可以了解对方的心理,知道客户有何疑虑,从而按病施方,对症下药,对客户异议做出圆满答复。日本一位销售专家说得好:"从事销售活动的人可以说是与拒绝打交道的人,战胜拒绝的人,才是销售成功的人。"

3.认真倾听客户异议

倾听,不仅可以表明汽车销售顾问对客户的重视和尊重,而且可以促使客户发表意见。汽车销售顾问切忌在客户发表异议过程中表现出三心二意,或不耐烦的态度和行为,否则会使客户认为汽车销售顾问缺乏诚意。汽车销售顾问应对客户提出的异议表现出极大的兴趣和热情,并从客户的表情、肢体动作等方面分析异议产生的原因。

4.准确回答客户的疑问

客户在谈话中,可能会提出一系列疑问要求汽车销售顾问回答。对此,汽车销售顾问不应回避,应对疑问给出合理的答案。

二、处理客户异议的步骤

客户的问题和异议提供了成交的机会,汽车销售顾问要能把握机会,耐心聆听并解答客户异议,为客户提供满意的答案。有效解决客户异议步骤,具体如下图所示。

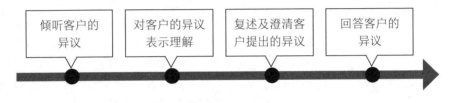

有效解决客户异议步骤

1.倾听客户的异议

汽车销售顾问应耐心倾听客户说明异议,使客户感觉到自己是受重视的。通过倾听,汽车销售顾问可以弄清楚客户的反对意见是真实的还是一种拒绝的托词。如果是真实的就应该马上着手处理;如果仅是一种拒绝的托词,就应挖掘客户的深层意思。

2.对客户的异议表示理解

如果客户提出的异议是合情合理的,汽车销售顾问在表示理解的同时,可以用以下的话语来回应客户:"我明白您为什么有这样的感受,其实很多客户最初也有和您一样的感受,但是一旦了解了这款车的性能,他们就会发现这款车的使用功能和购买利益。"这种表述的目的在于,承认客户对某个问题的忧虑,但却没有表示赞同或表现出防卫意识。

3.复述及澄清客户提出的异议

汽车销售顾问可复述并澄清客户提出的异议。如复述客户的异议:"您的意思是说这款汽车的价格太高,这就是您不愿意购买的原因吗",如果客户回答"是",则提出与之相应的购买利益;如果感觉到客户还有其他顾虑,则继续通过开放式的问题进行了解。复述异议不仅能够表明汽车销售顾问一直在认真倾听客户说话,同时还能给自己多留一些思考的时间。

4.回答客户的异议

客户希望汽车销售顾问认真听取自己的异议,尊重自己的意见,并且希望汽车销售顾问及时做出令人满意的答复。但是,在某些特殊情况下,汽车销售顾问可以回避或推迟处理客户异议。

三、处理客户异议的方法

汽车销售顾问在处理客户异议时可运用各种方法,下表所示是一些处理客户异议常用的方法。

第六章 洽谈成交与签约技巧

一些处理客户异议常用方法

处理方法	基本内容	示例
因果法	将计就计地利用异议，把客户异议作为因，应该购买作为果	"车身短"异议，可用"车身短能让您停车非常方便"
"是的……如果"法	站在客户立场上，首先对客户的看法表示理解，再通过"如果"委婉转移，以表达自己的看法，这样更容易让客户接受	请比较下面的两种说法 A："您根本不了解我的意见，因为状况是这样的……" B："平心而论，在一般的状况下，您说的都非常正确，如果状况变成这样，您看我们是不是应该……" A："您的想法不正确，因为……" B："您有这样的想法，一点也没错，当我第一次听到时，我的想法和您完全一样，如果我们做进一步的了解后……" 养成用示例中第二种回答方式表达不同意见，将受益无穷
自己觉得……人家觉得……发现……	（1）自己去感觉："我理解您的感觉……"表示理解和同感 （2）人家的感觉："其他人也觉得……"可以帮助客户不失面子 （3）发现："……而且他们发现……"	购买者："×先生，恐怕你的价格太高了些" 错误表述："是啊，似乎是贵了点，但是……" 正确表述："×先生，我理解您的观点，那我们就来谈谈这个问题……" 这样双方就建立起了合作关系，而不是抵触情绪

四、处理客户异议的话术技巧

1.避免客户产生异议的话术技巧

不断强调客户对这款车的认同，从心理上诱导客户消除担心。需要说明的是，客户的异议总会存在，如果销售的早期不能将这异议化解的话，随着竞争对手的不断强化，就会增强到排斥你的地步。

 **情景再现**

从心理上诱导客户，避免异议的产生

客户：这是新上市的××车吧！

汽车销售顾问：没错，看来您对这款车挺关注的，需要了解哪方面的情况？

客户：听说这款车配置挺高的，甚至有高档车才有的ESP和随动转向大灯等配置。

汽车销售顾问：太对了，这也是很多像您这样的客户购买该车的一个很重要的原因，正因为如此，该款车已经出现了供不应求的情况。顺便请教一下，关于这款车，您的朋友是怎么评价的？

客户：有一些朋友有一个担心，就是你们公司一直是做家用车的，这款车是你们公司的第一款商务车，不知道车的性能与售后服务怎样？

汽车销售顾问：看来您比较倾向于选择这款车，要不然不会提出这样的问题。您一定知道，经过10多年的努力，我们公司彻底转变了整个中国消费者对两厢车的看法，引领了两厢车的消费潮流。同时，您肯定也知道，我们公司的合作方不仅在家用车的领域有上乘表现，同时他们更擅长于商务车，相信您已经在这方面做过了解，也会同意这样的观点：我们公司同样也会引领商务车的消费潮流。

2.处理价格异议的话术技巧

不要马上回应客户的问题，更不能轻易承诺，要再次强调这款车留给他们的印象与感觉。然后把他们请到洽谈室，只要他们愿意坐下来，那么对价格或其他问题要求的程度就会降低，谈判的优势就会减弱，销售顾问胜算的机会就会大大增强。

第六章
洽谈成交与签约技巧

 **情景再现**

请进洽谈室再谈价格

汽车销售顾问：怎么样？张先生，在刚才的试乘试驾中，是不是对这款车有了更深一步的认识。看得出，如果我没有猜错的话，您已经喜欢上这款车，现在就想马上拥有它，把它开回去给自己的朋友和家人看一看。

客户：是不错，不过还不能定，还要比较一下。

汽车销售顾问：那您还需要在哪方面比较呢？

客户：主要是价格方面，这款车是不错，只是比××款车价格高了一些。

汽车销售顾问：看得出，要不是这款车深深打动了您，您也不会告诉我实话。这样吧，有关这方面的问题我们到洽谈室坐下来认真聊一聊，相信一定会让您满意而归。

3.消除客户异议的话术技巧

当客户提出异议时，千万不能去反驳客户，同时也不能马上回答。应该先拉近与客户之间的关系，然后通过转换技术转移客户的关注点，在弄清楚他们真正关心的问题后，再来就他们提出的异议进行说明，求得认同。这里，不要直接回答客户的问题，要先找出客户的问题，再寻求化解的方法。

 **情景再现**

运用专业知识消除客户异议

客户：××SUV有没有ABS？有没有安全气囊？

汽车销售顾问：两位朋友，看来对这款车已经关注很久了吧？

客户：是的，我们打算买一款越野性比较好同时又兼顾舒适性的车。

汽车销售顾问：那么，当你们最后选车时会首先考虑越野性还是舒适性？

客户：当然最好两者都能照顾到。

汽车销售顾问：两位朋友，你们算是找对了品牌和车型，这款××SUV正是符合你们使用要求的一款不可多得的产品。

客户：但听另一家公司的销售顾问说，××SUV没有ABS，也没有配备安全气囊。

汽车销售顾问：看来你们对这款车已经做了大量的调查，也在考虑这款车是否符合你们的投资目标，不然也不会花时间来到这里，我说得没错吧？

客户：是这样的，因为考虑在这几款车中进行选择，但还没有定。

汽车销售顾问：买车不是一件轻松的事情，要考虑的问题很多，慎重一点是对的。不过我想请教一下，是不是你们在最后买车时一定要求该车配备了安全气囊和ABS？

客户：因为有ABS和安全气囊才会更安全，有的车价位差不多却配置了ABS+EBD。

汽车销售顾问：我知道了，你们关注的是今后使用过程中的安全问题。为了避免购车过程中的风险，我们可不可以花点时间来讨论一下这个问题？

客户：正好，我有点时间，你说吧！

汽车销售顾问：谢谢你们给我这个机会一起来讨论如何消除购车中风险的难题，也要谢谢你们自己多了一个降低风险的机会。正如你们所知道的……当然，除了中高档汽车，这些配置不会同时出现在一辆车上。所以，在以上这些方面都不能同时具备的情况下，专家的意见是结构比配置所提供的辅助安全性更为重要。

客户：原来是这样的，我还以为只要有了ABS，有了安全气囊就万事无忧了。

汽车销售顾问：对了，行车的安全首先是驾驶者本人，这一点大家都知道的；其次是该车是否有一个更安全的保障系统，正像××SUV所提供的。

客户：那这款车的价格是多少？能不能再优惠一些？

把握时机，促成交易

【要而言之】▸▸▸

汽车销售顾问在经过了前面的种种努力，最后是为了达到交易的目的。因此，汽车销售顾问需要观察客户的一些购买信号，把握促成交易的时机。

【详细解读】▸▸▸

一、观察客户的言语信号

客户的言语信号，主要体现在以下几个方面。

（1）客户经过反复比较挑选后，开始专门咨询某款车型。
（2）客户仔细询问付款及交车等细节。
（3）询问交货及付款方式等事项。
（4）对于已经答复过或已弄清的问题反复提出。
（5）当出价合理时，仍然坚持压价，进一步压低价格。
（6）客户将竞争对手的交易条件与所提出的交易条件相比。
（7）表达一个直接的异议，如"这里有撞伤，应该怎么处理？"
（8）使用与购买相关的假设句型，如"我可以一次性付款，有优惠吗？"
（9）要求做出一些保证，如"我买了车，要是出故障怎么办？"
（10）提出附加条件，如"还有其他优惠吗？有没有赠送什么东西？"
（11）开始询问同伴意见，与同伴低语商量。
（12）询问售后服务、保养里程、维修地点等事项。

二、观察客户的表情信号

客户的表情信号，主要体现在以下几个方面。

（1）面部表情自然大方、随和、亲切。

（2）眼睛转动由慢变快、眼神发亮而有神采，从若有所思转向明朗轻松。

（3）嘴唇开始抿紧，似乎在品味、权衡什么。

（4）当汽车销售顾问说明有关细节和付款方法时，客户很认真的神情。

（5）向与他同来的伙伴使眼色，彼此相互对望，或者眼神里传递着"你的意见怎么样"这种神情。

三、观察客户的动作信号

客户的动作信号，主要体现在以下几个方面。

（1）关注汽车销售顾问的动作和谈话，不住点头。

（2）反复、认真翻阅汽车彩页广告、订购书等资料。

（3）使用计算器或在纸上试算，翻阅日历或记事本思考。

（4）离开又再次返回。

（5）认真地实地查看汽车有无瑕疵。

（6）姿态由前倾转为后仰，身体和语言都显得轻松。

（7）擦脸拢发，或者做其他放松舒展等动作。

（8）转身靠近汽车销售顾问，掏出香烟让对方抽表示友好。

（9）突然用手轻声敲桌子或身体某部分，以帮助自己集中思路，最后定夺。

相关链接

如何突破自我心理障碍

汽车销售顾问往往喜欢寻找各种成交失败的因素，殊不知其实阻碍成交的原因很大部分取决于个人的自我心理。

汽车销售顾问的心理障碍主要有以下三种。

1. 害怕拒绝

汽车销售顾问害怕提出成交要求后，遭到客户拒绝会破坏原本良好的洽谈气氛，但是必须面对拒绝。

2.等客户开口

大部分客户都是等待汽车销售顾问首先提出成交要求,如果不提出,就难以成交。

3.放弃努力

汽车销售顾问需要通过反复的成交努力来促成最后的交易,不可因一次失败而选择放弃。

休闲小吧

森林里,住着一群猴子。有一天,有两只猴子走出"集区",被一名猎人发现。猎人便拿着枪追赶那两只猴子。第一只猴子,看到猎人赶来,便转身一跳,跳上了一棵大树上。

而另一只猴子,则在犹豫不决,"到底要怎样才能显示我的神通?怎么跳才是最好看的呢?"

在它犹豫不决时,猎人已瞄准它朝它开了一枪,猴子当场毙命。

点评

当销售人员在销售产品时,最终的目的是"赢得购买承诺"。有时,只要三言两语,就可以完成一件交易,而不需要吐沫横飞或向客户显示你的才华,才能成交;有时这么做反而会弄巧成拙,破坏正常的销售而得不偿失!

主动出击，建议成交

【要而言之】

当汽车销售顾问观察到客户有上述购买意向时，要主动出击，提出成交建议，以便达成交易。

【详细解读】

一、做好准备事项

汽车销售顾问在建议客户成交前，需要做好各种准备事项，具体如下图所示。

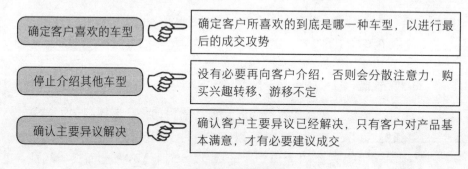

建议成交准备事项

二、引导客户做出决定

汽车销售顾问要对没有主见、摇摆不定的客户，要大胆地建议客户购买。

如果客户请汽车销售顾问帮忙挑选，就要尽心尽力做好参谋，要根据客户要求和汽车实际情况帮助客户挑选。但是不要替客户承担决策责任，要以建议的口吻帮助客户做出决定。

三、提出成交建议

汽车销售顾问要把握任何可以提出成交的时机，一般在讲述完每一个销售重点或重大异议解决后，可以向客户提出成交建议。

四、运用促成方法

1. 假定成交法

汽车销售顾问在假设客户已经接受销售建议，同意购买的基础上，直接要求客户购买。运用此法可以节省时间，提高销售效率，还可以适当减轻客户成交压力。但是要注意销售氛围要轻松，不要让客户产生压力。

2. 两者折一法

汽车销售顾问通过提出选择性问句，让客户在提供的选择范围内做出回应。此法适用于客户已经决定购买，只是在款式方面做出选择，切记尽量避免提出太多方案，最好是两项，以免客户犹豫和选择。

3. 请求成交法

汽车销售顾问直接要求客户购买，可以充分利用各种机会成交，快速促成交易。运用此法必须把握时机，一般只要客户表现出要求成交的信号，都可以使用。

4. 激将法

通过刺激客户心理，促使客户在激动情绪之下产生冲动性购买的成交方法。运用此法要看准对象，讲究言辞，注意态度。

5. 以利诱之法

运用算账、解答疑问等方法，汽车销售顾问提示客户购买产品可以带来的好处，比如抽奖、送礼物、折扣等。

6.以情动之法

汽车销售顾问要以真诚的态度与客户谈话，用感人的话语感动客户，促使客户下决心购买。

7.强调法

通过强调优惠期、强调所剩产品不多等来促使客户购买，就是创造一种"机会难得，不可失去机会"的成交氛围，及时促成客户主动成交。

8.满足法

当客户提出是否能满足某种需求时，汽车销售顾问要考虑该要求在自己权限范围内是否可以满足，如果可以就尽量满足其要求，促使客户做出决定。

五、促成交易的话术技巧

1.控制成交的话术技巧

通过"诊断性询问"确认客户对所介绍的汽车产品的态度，进一步诊断客户的认同度，以换位思考的方式来寻求客户对汽车产品的认同，直接向客户提出对汽车产品的认同要求。

引导客户认同产品的价值

汽车销售顾问：张先生，通过刚才的分析，您是不是发现这款车在安全性能上的表现相当优异？

客户：的确不错，就像你们介绍的，应该是同级车中最优的。

汽车销售顾问：同时，通过刚才您的体验，这款车的发动机是否是您所了解过的同级车中最优的？

客户：从输出功率和输出扭矩来看，值得关注。

汽车销售顾问：如果我俩换一个位置，您会认为我买这款车很值吧？

客户：很值。

汽车销售顾问：反过来，如果是您能拥有这样一款车，您更会认为这是一个很有意义、很有价值的选择吧？

客户：是的。

2.要求客户成交的话术技巧

对客户前面的情况做一个小结有助于后面提出成交要求；由于客户对问题的回答已经习惯"是的""对""没错"，这时即使销售顾问提出一个错误的结论，客户也会顺嘴回答"是""对""好的"，这是一种高超的心理诱导术。

 **情景再现**

合理诱导客户提出成交要求

汽车销售顾问：王女士，今天是您第五次来店，加上前几次的了解，想必都对您要投资的品牌和车型有一个完整的概念了吧？

客户：没错，通过你们的介绍和其他品牌店的介绍，虽然是初次购车，我已经有了一个大概的认识了。

汽车销售顾问：好，我们就来讨论一下您要买的车是什么样的？

客户：好的。

汽车销售顾问：如果我没有记错的话，您首先考虑的是外形，要符合您的职业特点，对吧？

客户：是的。

汽车销售顾问：经过您的比较，这款车应该是比较合适您的想法的一款车，没错吧？

客户：你还记得真清楚。

汽车销售顾问：从安全的角度看，四气囊的配置是最低的要求，应该不会错吧？

客户：是的。

> 汽车销售顾问：从内饰来看，真皮方向盘、带卫星导航、六碟DVD、八喇叭音响系统、真皮的可十向调整的座椅也是必须的选择，没错吧？
>
> 客户：对！
>
> 汽车销售顾问：如果我总结一下，那就是我们推荐的这款车最符合您的要求，对吧？
>
> 客户：对。
>
> 汽车销售顾问：那好吧，既然这款车您这么中意，只要您把这份合同签了，这辆车就是您的了。

3.引导客户签约的话术技巧

对客户的配合表示衷心的感谢，要显示出诚意。同时，营造一种双赢的气氛，让客户感到他们通过这次交易也获得了想要的。再次祝贺对方生意与事业兴隆，特别是购买这几辆车后对他们生意与事业的帮助更应该表达清晰。

 **情景再现**

适当赞美让客户满意成交

> 汽车销售顾问：非常感谢刘总，经过大家的共同努力，我们达成了一个双方都非常满意的合作，相信通过这次合作，你们购买的这几辆车也会极大地提升贵公司的形象，贵公司的事业会更加地兴旺发达，我们公司也会在与贵公司的合作中得到更多的进步。
>
> 客户：哪里，哪里！这都是大家有缘，相信以后我们合作会更愉快。
>
> 汽车销售顾问：刘总，您看，为了让我们能够做好交车的各项准备工作，现在还得麻烦您办一件小手续，我们一起到财务交一下合同定金。
>
> 客户：小问题，小王，你去办一下。
>
> ……
>
> 汽车销售顾问：刘总，您好，您看所有的手续都已经办妥，我们已经安排了相关的部门和人员开始做交车的准备，您就等候我们的通知，好吗？
>
> 客户：没问题。

达成交易，及时签约

【要而言之】▶▶▶

当客户决定购买并与客户达成交易后，销售顾问要立即着手准备与客户签订合同，并给客户详细解释合同条款。

【详细解读】▶▶▶

一、确认车辆

汽车销售顾问要向客户确认其意向购买汽车的车型、颜色、装备等。

二、说明销售价格

汽车销售顾问在客户确定好车型后，要详细向客户说明销售价格。

（1）请客户确认所选购车型，以及是否需要提供保险、按揭、上牌"一条龙"服务。

（2）根据客户需求拟定销售方案，制作"商谈备忘录"。

（3）对报价内容、付款方式及各种费用进行详尽说明。

（4）留给客户充分的时间审阅"商谈备忘录"，并耐心回答客户问题。

（5）说明价格时，再次总结产品主要配置及客户利益。

（6）重复关键内容，并确认客户完全明白。

三、签订合同

签订合同的步骤如下图所示。

步骤一	详细说明车辆上牌程序及费用
步骤二	检查库存状况，设定交车时间并得到客户认可
步骤三	请客户确认报价内容
步骤四	制作合同，准确填写合同中的相关资料
步骤五	请销售经理确认合同内容
步骤六	协助客户确认所有细节，客户签字后把合同副本交给客户
步骤七	合同正式签订后，销售顾问将合同存档
步骤八	销售顾问陪同客户前往财务部，处理付款事宜

签订合同的步骤

四、解释合同条款

向客户解释合同条款是十分重要的，有以下几点原因。
（1）要逐条向客户解释合同条款，并取得客户认同。
（2）避免客户在遇到问题时，指责给其一个霸王合同。
（3）将来与客户发生争议时，合同是处理争议的基础。

销售语录：当客户提出介绍汽车产品的要求时，只能说明他们还在选择阶段并未最终确定品牌、车型及供应商。

第七章
及时交车与验车技巧

导言

　　交车验车这个过程可为客户以后回到本企业做售后打下了基础,因此在这个过程中不仅要注重交车验车方面的事宜,还要积极开展有关客户售后服务的准备工作。

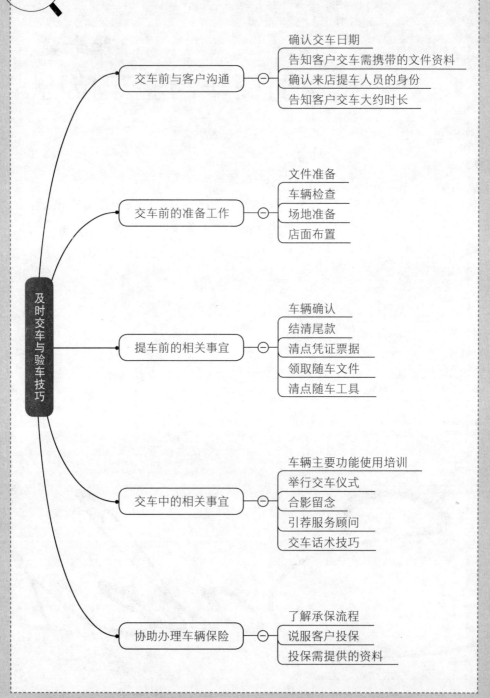

第七章
及时交车与验车技巧

交车前与客户沟通

【要而言之】

汽车销售顾问在交车前要先与客户就交车的各项事宜进行沟通，以保证交车过程能够顺利完成。

【详细解读】

一、确认交车日期

汽车销售顾问首先要与客户确定好交车的日期，这样方便双方的时间安排。确认交车日期需注意以下几个事项，具体如下图所示。

事项一	应提前3天与客户确认具体交车的日期，而且要确认交车具体时间是交车日的上午还是下午
事项二	如果客户选定有"良辰吉时"的，应该充分尊重客户的时间要求予以配合
事项三	在选择交车日期时应避免与中国传统节假日或者忌讳日期相冲突，充分尊重客户的时间选择
事项四	如果遇到交车日期与合同约定的交车日期有延期，则应提前2天告知客户，并争取获得客户理解，并给以适当的补偿

确认交车日期需注意的事项

二、告知客户交车需携带的文件资料

告知客户在交车过程中需要使用到的有关证件，合约文件，如上公司牌照需带上公司的组织结构代码证；非本地人还要带暂住证；贷款购车需要提供资产证明等，提醒客户在来店提车时随身携带。

三、确认来店提车人员的身份

提前向客户确认一起来店提车的有哪些人员，以便在交车时为随行人员准备礼物，在准备欢迎水牌时书写正确的称呼。为客户及随行人员准备小礼物，可以是一个吉利红包、品牌LOGO礼品、花束、花炮、鞭炮等。同时与客户确认尾款支付方式，是现金支付还是刷卡支付。

四、告知客户交车大约时长

在电话预约时向客户说明整个交车过程需要耗费多长时间。如果时间超过30分钟以上的，应告知所需时间较长的原因，提醒客户做好时间和工作安排。

客户良好的心理感受胜过一切。交车阶段对客户恰如其分的赞美，有助于提升客户的满意，让这种满意再上一个新的高度，可以再次激发客户对汽车产品、服务与经销企业的认同。

第七章
及时交车与验车技巧

交车前的准备工作

【要而言之】

汽车销售顾问在交车前，除了要将整个交车中的各环节时间安排好外，还要做好各种准备工作，以便交车有序进行。

【详细解读】

一、文件准备

汽车销售顾问在交车前，需要准备的文件如下图所示。

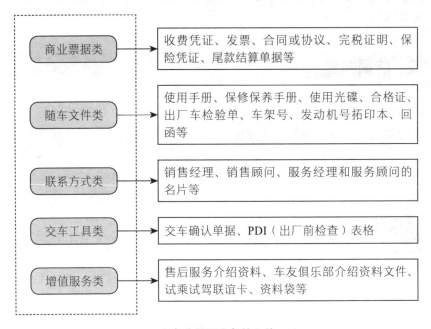

交车前需要准备的文件

二、车辆检查

汽车销售顾问在交车前，要对所交车辆进行重点检查。
（1）漆面刮伤、剥落、凹凸痕、锈点、饰条。
（2）内外观的刮伤、缺装品或松脱处、缝隙大小和均匀度等。
（3）电线束的束紧和吊挂。
（4）车窗和车厢、引擎及后备厢等是否污脏。
（5）有没有不必要的标签或会扎人的物品。
（6）汽油箱内至少有1/4箱汽油。
（7）必须经过实际操作，保证所有功能正常。

三、场地准备

交车场地5S检查，保证交车场地的干净整洁，清理交车区场地。交车区出口前面无任何障碍物，方便客户驾驶新车离店不受任何影响，布置交车背景板。在展厅入口处放置"××提车"欢迎牌，在欢迎牌上书写来提车的客户姓名。在交车区悬挂LED交车横幅，准备好大红花、红丝带、交车贵宾胸卡、照相机、三脚架等物品。

四、店面布置

汽车销售顾问要做到店面交车区明亮、整洁、清新，同时要备有桌椅、饮料、点心等，以方便在愉悦的气氛中将各种车辆资料交给客户，提高交车的满意度。

主动服务是售后服务超越竞争对手的制胜法宝。

第七章
及时交车与验车技巧

提车前的相关事宜

在客户提车前，汽车销售顾问要做好相关事宜，包括车辆确认、结清尾款、清点凭证票据、领取随车文件、清点随车工具。

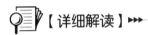

一、车辆确认

客户到店后，汽车销售顾问应带客户查看新车，请客户确认新车型号及配置与之前选定的车辆是否一致。确认客户需要的精品已经安装完好，能正常顺畅使用。请客户绕车检查外观是否清洗到位，再检查车内和发动机舱的清洁是否满足其要求。询问客户是一起对新车做PDI检查还是由售后服务技师单独做PDI检查。如果由服务技师单独做PDI检查，则陪同客户到休息区休息。最后请客户在PDI检查表上签字。

PDI检查表如下所示。

PDI检查表

车型代码	底盘号	发动机号	经销商代码	交车日期
1	发动机号、底盘号、车辆标牌是否清晰，是否与合格证号码相符			
2	发动机号、底盘号、车辆标牌是否符合交通管理部门的规定			
3	核对随车文件（与上牌照相关文件）是否正确			
4	目视检查发动机舱（上部和下部）中的部件有无渗漏及损伤			
5	检查发动机机油油位，必要时添加机油			

续表

车型代码	底盘号	发动机号	经销商代码	交车日期

6	检查冷却液液位（液位应达 MAX 标记）	
7	检查制动液液位（液位应达 MAX 标记）	
8	检查助力转向液压油油位（油位应达 MAX 标记）	
9	检查蓄电池状态、电压、电极卡夹是否紧固	
10	检查前轿、主传动轴、转向系统及万向节防尘套有无漏油或损伤	
11	检查制动液储液罐及软管有无渗漏或损伤	
12	检查车身底板有无损伤	
13	检查轮胎、轮辋状态；调整轮胎充气压力至规定值	
14	检查车轮螺栓及自锁螺母拧紧力矩	
15	检查底盘各可见螺栓拧紧力矩	
16	检查车身漆面及装饰件是否完好	
17	检查风窗及车窗玻璃是否清洁完好	
18	检查座椅调整、加热、后座椅折叠功能及安全带功能	
19	检查方向盘调整功能及燃油箱盖开启功能	
20	检查内饰各部件及后备厢是否清洁完好	
21	检查所有电气、开关、指示器、操纵件及车钥匙的各项功能	
22	检查前、后刮水器各挡功能、雨量传感器功能及调整清洗液喷嘴喷射角度	
23	检查车内照明灯、警报灯、指示灯、喇叭及前大灯调整功能	
24	检查电动车窗升降、中央门锁、车外后视镜调整及天窗开关功能	
25	检查车外后视镜调整、内后视镜防眩目功能及天窗开关功能	
26	检查收音机功能，将收音机密码贴于收音机说明书上；校准时钟；维修保养间隔显示归零	
27	检查空调功能，将自动空调的温度调至 22 摄氏度	
28	查询各电控单元故障存储	

续表

车型代码	底盘号	发动机号	经销商代码	交车日期

29	检查钥匙、随车文件、工具及三角警示标牌是否齐全	
30	装上车轮罩、点烟器、顶棚天线及脚垫	
31	除去前轴减振器上的止动器(运输安全件);取下车内后视镜处的说明条	
32	试车:检查发动机、变速箱、制动系统、转向系统、悬架系统等功能	
33	除去车内各种保护套、垫及膜	
34	除去车门边角塑料保护膜	
35	填写"保养手册"内的交车检查证明,加盖经销商 PDI 公章	

本车已按生产厂规定完成交车前检验,质量符合生产厂技术规范

经销商签字:　　　　　　　　　　　　用户签字:

白色联:经销商保留　　　　　　　　　粉色联:用户保留

二、结清尾款

在交车前汽车销售顾问应先让客户结清需缴纳的尾款,具体事项如下。

(1)在购车结算清单上列明所有应交纳款项,与客户——核对,并提供有关凭证和票据,确定最终金额。

(2)陪同客户到财务部门结清款项。

(3)询问客户付款方式,确定付款方式后,如果是现金支付,应该在点清现金后报数与客户核对,如果是刷银行卡则应与客户核对数额,再确认付款。

三、清点凭证票据

(1)在客户结清款项后,财务人员应该询问客户对开票上是否有其他要求。

(2)根据客户的开票要求,尽量满足,如果不能满足的,则给予解释说明,不能无理由而直接生硬地拒绝客户的要求。

(3)向客户开具有关票据,并就票据与客户进行核对,清点票证齐全,一起

交给客户。

四、领取随车文件

结清款项后,财务部门开具随车物料领取通知单;销售顾问安排客户到休息区休息后,凭随车物料领取通知单到仓库领取随车物料;随车物料一般有合格证、产品使用说明书、保修手册等资料。

五、清点随车工具

销售顾问与客户一起清点随车工具,一般有千斤顶、三角牌、螺栓套筒、牵引拉钩等。清点交接完随车工具之后,请客户在"交车确认表"上签字确认。

陪同客户提车的注意事项

汽车销售顾问要陪同客户一起去提车,需注意以下事项。

(1)填写"车辆出库单",将车辆停放在指定交车位置,准备好随车物品。

(2)再次向客户示范各项功能的操作。

(3)请客户共同检验车况,以保证车辆的各项指标都不出现问题。

(4)签署交车确认表。

成功的企业都在鼓励客户投诉!因为会投诉的客户才是真正的好客户,只要他们的问题能够得到圆满解决,那么将是可以依靠的"编外"销售精英。

交车中的相关事宜

【要而言之】

客户验车无误后,销售顾问就可以着手安排交车了。先对客户进行车辆的主要功能培训,然后举行交车仪式并合影留念,最后不要忘了给客户引荐服务顾问。

一、车辆主要功能使用培训

交车时汽车销售顾问应向客户逐一介绍车辆各主要系统的功能及使用方法。在对客户培训完之后,请客户自己试用一遍,确认客户掌握使用方法之后,请客户在"新车功能使用确认表"上签字确认。

二、举行交车仪式

举行新车交接仪式,在新车左右后视镜系上红丝带,在发动机舱盖上挂大红花。没有紧急工作的销售顾问在新车的两旁列成一队;由两人负责点放花炮,由销售经理把象征着车钥匙的钥匙模型转交给客户,销售顾问向客户献上鲜花一束表示祝贺。其他人员一起鼓掌表示祝贺,同时点放花炮。

三、合影留念

由摄影技术比较好的销售顾问担当摄影师,为客户拍摄照片。一共拍两张照片,一张由客户与新车单独合影,另一张由客户、销售顾问、服务顾问和销售经理一起合影。所拍照片每张冲印两份，在客户离店后3天内邮寄给客户留念，另一份张贴在新车交付区墙壁上以做宣传。

四、引荐服务顾问

销售顾问引领客户到售后服务部门，把服务顾问介绍给客户认识。服务顾问应该向客户表示祝贺："恭喜你成为××车主！"。由服务顾问向客户递交自己的名片，并向客户介绍车辆养护和售后服务流程等事宜。最后将客户信息填入"客户管理卡"。

五、交车话术技巧

1. 交车不忘赞美客户的话术技巧

把交车当作一个盛大的节日来对待，不管客户是花多少钱买车，关键是要让他们觉得投资有价值。而这种价值是由他人的肯定来确定的，所以，学会肯定别人胜过不厌其烦地讨论自己的产品与服务。

赞美顾客，热情交车

汽车销售顾问：赵小姐，您好，欢迎再次光临。今天是交车的日子，也是值得庆贺的好时光。从今天开始，有车的日子会让您的生活更有意义。

客户：我也是这样想的。

汽车销售顾问：赵小姐，我今天才发现，这款车配上您如果用两个字来形容的话，叫作"绝配"，只有您这样的气质配上这款车，才能体现车的高贵和您的气质。

客户：你过奖了。

汽车销售顾问：这是我的真心话。无论从色彩、造型上，还是从其他的方面来看体现了一种高贵的品质，要不您怎么千选万选最终选择了这款车呢？

客户：当然还是你们推销的到位，让我有机会与这款车结缘。

汽车销售顾问：是啊！我们也相信当您驱车前往公司时，会有更多的目光关注到您及这款漂亮的车。

客户：你再说我都有些不好意思了。

2.让客户了解操作事项的话术技巧

首先你自己要把事情说清楚，同时客户也要愿意配合你，这才是一个正确的交车过程应该做的事情；使用中的注意事项要逐项讲清楚，每一个项目介绍完成后，都要征询客户的意见，看还有什么不清楚的地方，还有什么不会操作的地方，直到客户全会为止。

情景再现

逐条逐项地向客户讲述操作事项

汽车销售顾问：陈先生，您好。为了让您在今后的使用过程中更好地掌握这款车的性能，更好地发挥其作用，现在我们花点时间来讨论一下有关的事项。

客户：好的。

汽车销售顾问：我们先从这款车使用的注意事项开始。您看，我们先从最简单的车门开启介绍，好吗？

客户：好的。

……

汽车销售顾问：您看，有关操作方面的注意事项已经介绍完了。您看还有没有不清楚的地方？

客户：我基本清楚了。

汽车销售顾问：接下来我介绍一下保养方面的要求与规范。没有问题吧？

客户：没有问题。

汽车销售顾问：这款车的首保里程是7500千米，您必须按时到店来进行保养，因为这涉及今后索赔政策兑现的问题。当然，我们售后会在适当的时间及时提醒您，即使您忘记了也没有关系。当首保结束后，保养的间隔里程是15000千米，您有没有发现，这是我们这个品牌的一大特点，即保养间隔里程很长，保养费用更低。

客户：是这样的。

汽车销售顾问：接下来我给您介绍一下我们的服务流程……

客户：我明白了。

汽车销售顾问：最后，我再介绍一下今后您在售后服务或其他服务中可能会与您合作的人员，这是我们的销售经理×××，这是我们的服务经理×××，这是我们的服务接待×××，这是我们公司最优秀的服务技师×××。相信他们今后会为您提供优质的、让您满意的服务。

客户：谢谢！

汽车销售顾问：关于您的新车，您看还有什么不清楚的地方吗？

客户：没有了。如果今后使用中遇到问题我应该找谁？

汽车销售顾问：如果您今后使用中遇到任何不清楚的地方，您可以与我们当中的任何一位联系，这是他们的联系方式，已经备注在给您的资料上，到时您可以查看一下。

销售语录　事前的说明比事后的解释好一万倍！如果没有交车时的"啰唆"，也就很难大幅度地减少售后服务中遇到的问题与麻烦。

协助办理车辆保险

【要而言之】▶▶▶

客户提车后,销售顾问可以协助客户在本公司办理车辆保险,一是让客户享受到全程式服务,二是可以增加本公司的营业收入。

【详细解读】▶▶▶

一、了解承保流程

汽车销售顾问要熟悉如下图所示的汽车保险办理流程,这样能更好地为客户提供保险服务。

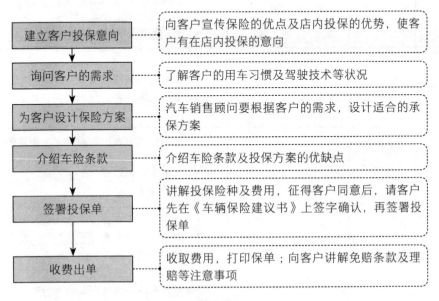

承保流程

二、说服客户投保

汽车销售顾问要充分宣传在本店投保的好处,促成客户店内投保。

(1)充分向客户宣传本店保险服务的优势,说服客户在店内购买认证保险(重点是车损险)。

(2)服务优势的宣导,包括专业险种咨询、24小时热线、专业维修及纯正配件、合作优势等。

(3)降低不合理的期望值,避免客户产生与理赔正常操作及保险条款相违背的过高期望。

(4)使客户树立正确的服务期望,真正好的理赔服务是"便捷+安心",而规范操作正是专营店的优势所在。

销售顾问在与客户交谈中,可能会遇到一些问题,可以采用如下表所示的话术巧妙应对,从而尽量争取让客户投保。

说服客户投保的话术技巧

序号	问题类别	客户问话	应对要点
1	价格	你们报价比我朋友报价贵了1300多元	(1)了解具体的实际情况 (2)用自信的语气打消客户疑虑 (3)解释影响价格的多种因素 (4)说明选择保险的标准 (5)介绍正规4S店车险服务优势
2	客户人情关系	我朋友说什么保险他都可以帮我买,他做保险不容易,我得帮他	(1)正面肯定客户的义气 (2)蓄意提醒,客观分析利害关系
3	老司机不愿购买保险	我是老司机,买个交强险就行了	(1)分析原因:客户主要是对车损险的认识有误区 (2)向客户解释车损险的重要性 (3)提出建议
4	免赔告知	免赔太不合理了吧?保险这么贵,还不能全赔	(1)首先告诉客户该保单的大概保障范围 (2)坦言全世界没有"全赔"的保险 (3)解释所谓"全险"的基本含义 (4)解释常见免赔范围及其合理性 (5)引导客户正确认识车辆保险的作用和意义

三、投保需提供的资料

汽车销售顾问要告知客户投保时,需要提供的资料,具体如下表所示。

投保需提供的资料

序号	车辆类别	客户类别	资料
1	新车	个人	购车发票、合格证和身份证复印件
		单位	购车发票、合格证和组织机构代码证复印件
2	旧车	个人	行驶证和身份证复印件
		单位	行驶证和组织机构代码证复印件

休闲小吧

　　一个小公主病了,她娇憨地告诉国王,如果她能拥有月亮,病就会好。国王立刻召集全国的聪明智士,要他们想办法拿月亮。

　　总理大臣说:"它远在三万五千里外,比公主的房间还大,而且是由熔化的铜所做成的。"

　　魔法师说:"它有十五万里远,用绿奶酪做的,而且整整是皇宫的两倍大。"

　　数学家说:"月亮远在三万里外,又圆又平像个钱币,有半个王国大,还被粘在天上,不可能有人能拿下它。"

　　国王又烦又气,只好叫宫廷小丑来弹琴给他解闷。小丑问明一切后,得到了一个结论:如果这些有学问的人说得都对,那么月亮的大小一定和每个人想的一样大、一样远。所以当务之急便是要弄清楚小公主心目中的月亮到底有多大、多远。

　　于是,小丑到公主房里探望公主,并顺口问公主,"月亮有多大?""大概比我拇指的指甲小一点吧!因为我只要把拇指的指甲对着月亮就可以把它遮住了。"公主说。

"那么有多远呢？""不会比窗外的那棵大树高！因为有时候它会卡在树梢间。"

"用什么做的呢？""当然是金子！"公主斩钉截铁地回答。

比拇指指甲还要小、比树还要矮、用金子做的月亮当然容易拿啦！小丑立刻找金匠打了个小月亮、穿上金链子，给公主当项链，公主很高兴，第二天病就好了。

点评

导购们在销售的时候很少关注顾客的需求，总是在证明在同等质量的情况下自己货品的价格比别人便宜或者同等价格的情况下自己的货品质量比别人的质量好，觉得只要证明这两点顾客就会接受或者购买自己的商品。然而每个人对"卖点"的认同都会不同，因为每个人的需求不同，例如一个去看感冒的病人是不会对医生推荐的价廉物美的减肥药感兴趣的。了解并满足顾客的真正需求，导购就可以轻松地达成交易。

第八章
客户维护与跟踪技巧

导言

　　客户维护，是汽车销售服务的重要组成部分，是销售顾问必须要做好的工作。做好客户维护，既是对汽车销售门店负责，也是对客户负责。维护好客户关系，可以为汽车销售门店带来更多的客户。

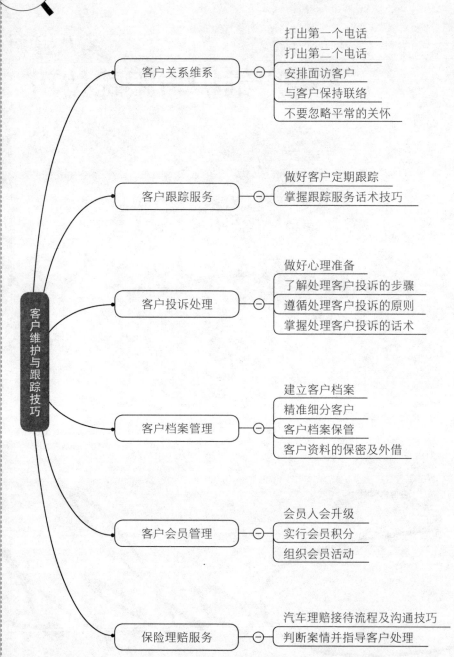

客户关系维系

【要而言之】▶▶▶

作为汽车销售顾问,不能说是卖完车之后就完事了,还需要维系好与客户的关系。因为开发一个客户很难,但客户来帮你介绍新客户就容易得多。由此汽车销售顾问应各显神通,重视并维系好与客户的关系。

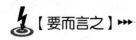【详细解读】▶▶▶

一、打出第一个电话

打出第一个电话的时间可在交车后的24小时内,最好由销售经理负责打打出第一个电话,电话内容如下。

(1)感谢客户选择本门店并购买了汽车。

(2)询问客户对新车的感受,有无不明白、不会用的地方。

(3)询问客户对门店、对销售顾问的服务感受。

(4)了解员工的工作情况和客户对门店的看法及好的建议,以便及时发现问题并加以改进。

(5)及时处理客户的不满和投诉。

(6)询问新车上牌情况和是否需要协助。

回访结束后可将该结果记录到"调查表"里,以便跟踪。

二、打出第二个电话

打出第二个电话的时间可在交车后的7天内,由售车的销售顾问负责打出第二个电话,电话内容包括如下。

（1）询问客户对新车的感受。

（2）新车首次保养的提醒。

（3）新车上牌情况，是否需要帮助。

（4）如实记录客户的投诉并给予及时解决，如解决不了，则及时上报，并给客户反馈。

电话结束后，销售顾问将回访结果记录到"调查表"里。

三、安排面访客户

销售顾问可以找一个合适的时机，如客户生日、购车周年、工作顺道等去看望客户，了解车辆的使用情况，介绍公司最新的活动以及其他相关的信息。最后将面访结果记录到"调查表"里。

四、与客户保持联络

销售顾问应每两个月安排与客户联络一次，其主要内容如下。

（1）保养提醒。

（2）客户使用情况的了解。

（3）根据客户的兴趣爱好，选择适当的时机与客户互动，如一起打球、钓鱼等。通过这些活动，增进友谊，变商业客户为真诚的朋友，协助解决客户的疑难问题等。

每次联络后，将联系结果记录到"调查表"里，以便跟踪。

五、不要忽略平常的关怀

汽车销售门店和销售顾问对客户不要忽略平常的关怀，可定期举办免费保养活动、汽车文化讲座和相关的活动；发送新车、新品上市及时通知，天气冷热等突发事件的短信关怀；遇客户的生日或客户家人的生日及时发出祝贺，客户的爱车周年也不要忘记给予祝贺；遇到好玩的"短句""笑话"与客户分享；年终的客户联谊会别忘了邀请客户参加等。

第八章
客户维护与跟踪技巧

回访时遇到特殊情况的应对方法

汽车客服人员在进行电话回访时，经常会碰到一些特殊情况。此时，就要随机应对，保证尽量让客户满意。

第一种情况：

当回访潜在客户时，客户表示自己没有购车计划，但其朋友有购车计划，应主动询问客户朋友的姓名、联系方式，留取详细的信息，建立潜在客户信息档案。

参考话术：

（1）"您是否方便提供您朋友的电话？我们可以联系他，向他详细介绍车辆的信息。"

（2）如客户表示不方便提供："那是否方便留下邮寄地址，可邮寄相关产品资料，便于您朋友了解信息，再次感谢您！"

第二种情况：

有客户担心个人信息会被泄露时，应给出正面肯定的回答，并积极表明立场，请客户放心。

参考话术：

"您的参与将会是匿名的，我们将遵循行业规范，不会向任何与项目无关人员泄露您的个人信息，请您放心回答。"

第三种情况：

当咨询车辆已经出保，客户询问再到4S店维修有什么好处时，应给出积极肯定的回答，并要举例说明。

参考话术：

"首先，在维修质量上的保障，我们特许服务站的维修技师都经过专业培训及技术指导，同时配备专业维修设备，保证了维修质量；其次，特许经销商提供的均为原厂备件，可以保证备件质量及使用安全，请您放心！"

第四种情况：

客户表示在车辆购买或维修后会接到很多回访电话（或会有几个地方

的人给我打电话）时，首先要感谢客户的配合，态度要诚恳，同时要讲明回访的目的。

参考话术：

"非常感谢您的配合，我们的回访是为了了解您的服务体验以便收集您的意见和建议，使我们能及时改善，更好地为您提供服务。"

休闲小吧

蛹看着美丽的蝴蝶在花丛中飞舞，非常羡慕，就问："我能不能像你一样在阳光下自由地飞翔？"

蝴蝶告诉它："第一，你必须渴望飞翔；第二，你必须有脱离你那非常安全、非常温暖的巢穴的勇气。"

蛹就问蝴蝶："这不是就意味着死亡吗？"

蝴蝶告诉它："从蛹的生命意义上说，你已经死亡了；从蝴蝶的生命意义上说，你又获得了新生。"

点评

销售人员要创新，有时候不得不进行"破坏"，甚至破坏自己亲手建造起来的"大厦"。是否有勇气打破我们赖以成功的基石去寻找新的发展思路？

客户跟踪服务

【要而言之】▶▶▶

跟踪服务的好坏,往往影响到汽车销售顾问潜在客户的进一步开发,因此,要时刻为已购车客户提供跟踪服务,让其感受到您一流的服务。

【详细解读】▶▶▶

一、做好客户定期跟踪

(1)日常跟踪,做好用户管理计划,通过电话、信件、短信或E-mail与客户保持联系,至少每3个月跟踪回访1次。

①向客户致意,关心客户身体、工作近况,对比较熟悉的客户可询问家人状况。

②了解客户对车辆使用的有关问题。

③提醒客户有关定期保养维护事宜。

④了解保有客户周边的意向客户资源。

⑤每次跟踪后,及时更新"客户跟踪表"。

(2)经常向用户提供最新和有附加价值的信息,如新车、新产品、售后服务信息,邀请客户带着有购车意向的朋友来店看车,可适当赠送纪念品。

(3)每年都向所有用户寄生日贺卡。

(4)每年都向所有用户寄节日贺卡,如五一、十一、中秋、春节等。

(5)若有相关促销活动,主动热情地邀请用户参加。

(6)提醒客户首次保养里程和时间。

(7)告知客户以后将提供任何可能的帮助和24小时救援电话。

二、掌握跟踪服务话术技巧

1.提醒客户做保养的话术技巧

"感恩"是一直强调的重点,尤其对客户更应该如此。当给客户施加压力时,学会用委婉的语气和内容去表达比较刚性的规范,这样客户在接受的时候更贴心。由于表达的方式不同,给客户的心理感受截然不同,这就是语言表达的魅力所在。

 情景再现

提醒客户做首保

汽车销售顾问:您好,周小姐,我是××4S店的小杨。非常感谢您选择了我们品牌,感谢选择了我们公司来给您提供服务。

客户:你太客气了,每次来电话都在感谢我。

汽车销售顾问:这是应该的,因为你们是我们的衣食父母!从您目前的使用情况看,您的车差不多快到首保的5000千米了,请您一定抽空到我们店来做首保。您也知道,如果不小心错过了首保,以后我们想更好地为您服务就会受到一些限制,也会额外增加您的费用,这不是我们希望的。

客户:好的。这几天我正好忙,过几天一定会到你们店做首保。

汽车销售顾问:三天后我再与您联系,免得您工作一忙把这件事情忘了。

客户:好的。

汽车销售顾问:如果您没空过来的话,打个电话给我,我会安排人员去您的公司把车接过来,做完保养后再送回去。

客户:那就太谢谢了!

汽车销售顾问:不用谢,这是我们公司特别提供的增值服务,只针对您这样的客户。

客户:谢谢。

2.征询客户意见的话术技巧

应用诱导性的语言,激发客户的心理认同。下面的设问,均是从这样的角度出发,得到的结果也是所预期的。不断提醒客户,我们公司是他们最佳的合作伙伴,有利于防止客户在索赔期结束的"跳槽"。

 情景再现

封闭式提问"绑定"客户

汽车销售顾问:谢先生,您好!我是××4S店的小杨。前天您到我们店来换大灯,我想就有关您接受服务的情况做一个服务跟踪。

客户:是小杨,你说吧,我正好有空。

汽车销售顾问:通过这次服务,您一定对我们接待人员的专业接待留下很深的印象,是吧?

客户:是的。

汽车销售顾问:您一定对我们维修人员专业负责的态度和工作质量表示了肯定,是吧?

客户:没错。

汽车销售顾问:相信通过这段时间的接触和了解,您一定对我们公司的服务有了更进一步的了解,更愿意与我们继续合作,对吧?

客户:是的。

汽车销售顾问:在这次维修中,我们提供的原厂正品配件也一定达到了您的要求,是吧?

客户:是的。有问题我肯定会找你们的。

汽车销售顾问:那就谢谢您对我们的信任,更希望今后如果对我们有什么新的要求、新的希望请即时与我们联系,我们非常乐意听到您的建议,将会对我们的服务水平提升有更大的帮助。

客户:会的。

汽车销售顾问:那再次谢谢了,我们常联系。再见!

3.持续开发客户需求的话术技巧

当客户的情绪处在高潮时,容易放松警惕,此时只要"趁热打铁",适时地进行"主动销售",就一定能够有所收获。除了饰品外,服务项目、易损零配件的搭配等都是销售的机会。

 **情景再现**

回访中开发客户需求

汽车销售顾问:相信通过这段时间的接触和了解,您一定对我们公司的服务有了更进一步的了解,更愿意与我们继续合作,是吧?

客户:有问题我肯定会找你们的。

汽车销售顾问:那就谢谢您对我们的信任,更希望今天对我们有什么新的要求、新的希望即时与我们联系,我们非常乐意听到您的建议,将会对我们的服务水平提升有更大的帮助。

客户:会的。

汽车销售顾问:对了,张先生,今天刚好我们店又到了一批新设计的车内饰品,我还记得您特别喜欢购买这个品牌的饰品送人,要不今天下午来店里看一下,说不定就有您相中的呢?

客户:真的吗?正好一个朋友的女儿过生日,她特别喜欢上次我送她的那个小礼品。下午我会抽空去看一下。

汽车销售顾问:谢谢您,那下午4点钟我们在专卖店等您。

客户:好的。

第八章
客户维护与跟踪技巧

客户投诉处理

【要而言之】

虽然客户投诉大多数是由客服人员处理，但是有的客户也会直接找汽车销售顾问抱怨并投诉，因此汽车销售顾问必须具备处理客户投诉的相关知识。

【详细解读】

一、做好心理准备

接待抱怨客户具有挑战性，汽车销售顾问应随时做好准备，接受客户的投诉。

1. 持欢迎态度

投诉是一件不愉快的事，但投诉也有其积极的一面。对于客户投诉，应持欢迎和重视的态度，将其作为对客户服务的一次有利机会。

2. 树立"客户总是正确的"的信念

客户投诉正说明服务和管理上存在问题。在很多情况下，客户的言行举止有些过分，应提倡即使客户错了，也要把"对"让给客户，尽量减少与客户之间的对抗情绪，以达到解决问题的目的。

3. 掌握客户心态

客户的投诉是由于不满意或一时的气愤所采取的行动，此时常常表现出"求尊重、求补偿、求发泄"的心态。因此在受理客户投诉时，要给客户适当发泄的机会，以示对客户的尊重和理解。

二、了解处理客户投诉的步骤

汽车销售顾问要能够妥善处理客户的投诉，需要掌握处理客户投诉的步骤，具体如下图所示。

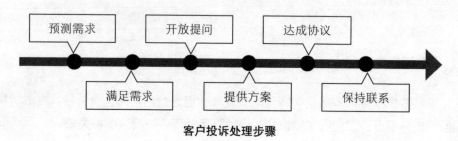

客户投诉处理步骤

1. 预测需求

预测需求主要指的是预测客户的心情需求，主要包括信息需求、环境需求和情感需求。

（1）信息需求指的是客户需要了解自己所抱怨事情的情况，到底是什么情况。

（2）环境需求指的是要为客户提供一个良好的环境，如专门的接待室，而不是在外面吵闹的场所，让人感到十分不愉快。

（3）情感需求指的是客户希望有一种被重视、被尊重的需求。

2. 满足需求

汽车销售顾问在对客户需求预测之后，一定要尽量满足其需求。做到是我们的错及时道歉，因为很少人会跟已经诚恳道歉的人深纠。另外，避免与客户争辩，因为你永远是争辩的输家。

3. 开放提问

提问可以更准确、更有效地把握客户的意图，为客户更好地服务。提问一般分为封闭式和开放式两种。

（1）封闭式问题，封闭式问题的使用是为了完全帮助客户进行判断，客户只能做肯定回答或否定回答。比如"你是不是没按要求操作？""您是刷卡付款吗？"等。客户只能回答"是"和"不是"。

第八章
客户维护与跟踪技巧

（2）开放式问题，开放式问题可以让客户比较自由地讲出自己的观点，对某个问题的描述更详细。这种提问方式是为了引导客户描述事实。一般以"为什么""怎么样""是什么"等开始发问。一般来说，在服务已开始的时候都是使用开放式的问题，如"你是怎么操作的？"。

销售人员可根据实际需要，将两种技巧交替使用，直到能够准确判断客户的需求为止。

4. 提供方案

设定期望值就是告诉客户目前你能够提供的服务是什么，关键在于你是不是能够很灵活地为客户提供不同的选择（增值服务）。

5. 达成协议

告诉客户你能给予的是很重要的，而你不能给予的是不重要的，这就是达成协议的技巧，如"您觉得这件事情怎么处理比较好？"

6. 保持联系

与客户达成协议后，要与客户随时保持联系。将客户抱怨处理情况随时告知客户。

三、遵循处理客户投诉的原则

汽车销售顾问在处理客户投诉时，可遵循下表所示的原则。

客户投诉处理原则

序号	处理原则	具体内容
1	基本原则	（1）第一时间处理客户抱怨 （2）第一人负责制 （3）2小时内相关责任人必须与客户进行电话联系 （4）3日内必须向客户反馈处理进度或结果 （5）认真执行厂家的销售和服务管理政策及管理流程

续表

序号	处理原则	具体内容
2	顺序原则	（1）先处理情感，再处理事情 （2）先带客户至安静的地方（贵宾室） （3）使客户能恢复平静 （4）让客户感觉被重视 （5）不做过度承诺
3	以不被媒体曝光为最高原则	（1）执行预警控制及上报机制 （2）事先采取"善意安抚" （3）必要时求助公关部门 （4）对无理取闹、诈欺性案件，需以技巧说服

四、掌握处理客户投诉的话术

1.向客户道歉的话术技巧

向客户道歉并不是表示我们存在问题，而只是表明处理问题的诚意。用同理心进行换位思考，拉近与客户的距离。一旦这个距离缩小，客户能够提出的不合理要求就会减少。

情景再现

用道歉缓和客户态度

客户：怎么搞的嘛，十几万元的车才买了不到一年，发动机就漏油了。你们必须给我一个说法，否则我就要请媒体来曝光。

汽车销售顾问：实在对不起。如果是由于这个问题给您造成了不便，还请多多海涵。

客户：抱歉有什么用，能解决这个问题吗？你们号称是世界知名品牌，别的车都不会发生这样的问题，就你们的车会有这样的情况。今天一定要给我们一个说法！

汽车销售顾问：我理解您的要求，虽然主机厂给出的方案是更换密封垫，像您这种情况的朋友也在处理后不再漏油，但我们还是会帮助您解决好这个问题。

客户：怎么解决，我不接受更换密封垫。

汽车销售顾问：我们非常理解您的要求，说实在的，如果这件事情发生在我们身上，同样也会像您这样会感到不爽。

客户：就是嘛！我们花这么多钱买一辆车，就是希望买到的一辆质量过硬的汽车，而不是这里有毛病、那里有问题。

汽车销售顾问：可以理解。

2. 找出问题根源的话术技巧

先向客户道歉，软化客户的"敌意"；理解客户的立场，同时技巧性地、不露痕迹地拒绝客户的过分要求，并把问题返回给客户。进一步确认客户的问题，这是后续处理好问题的关键。只有找到真正的原因，才有可能找到问题的答案。

 情景再现

先确认问题，再找出问题根源

客户：怎么搞的，发动机过热的问题已经修了不下三次了，但一直还是老样子。

汽车销售顾问：很抱歉，这么一点问题没能一次性处理好，让您还得再来一趟。

客户：既然找不到问题，那就把整个散热系统换一个不就成了，干嘛还要这么折腾？

汽车销售顾问：我理解您的要求。正像您所知的，在问题没有真正找到前，我们做任何的处理都是毫无意义的，相信您也会同意我的看法。

客户：我还是要求把整个散热系统全部换掉。

> 汽车销售顾问：我理解。为什么您一定要求换掉整个散热系统呢？
>
> 客户：因为我不想三番五次地来处理这个问题，而且遇到的维修人员个个能力都很差，弄得我非常不愉快。我担心如果不换整个系统，过了保修期再加上你们的工作人员是这个样子，我哪里能够放得了心？
>
> 汽车销售顾问：原来您不是担心汽车本身，而是觉得我们的维修人员专业能力太差，是这样的吗？
>
> 客户：当然两方面都有，更主要是维修人员不行。

3. 提出解决方案的话术技巧

求证引起客户担忧的问题；提出问题的处理方案，征询客户意见，同时借机展示专业维修能力，以此消除客户的顾虑，然后向客户做出承诺，消除顾虑。

 情景再现

> **求证问题，提出解决方案**
>
> 汽车销售顾问：我明白了。其实您的担忧已经多虑了，您可以透过落地玻璃看一下，现在我们重新调整了维修人员，他们个个都是能手。如果此时我们安排技术最好的维修人员给您做检查，同时又把您的问题解决，您会同意我们做维修处理吗？
>
> 客户：能保证吗？
>
> 汽车销售顾问：肯定没有问题，这一点您尽管放心，车修好后我们会通知您。

4. 得到客户谅解的话术技巧

表达出对客户意见的关注和重视，而且如果以代表公司的口吻表达的话，更能让客户尊重与他们打交道的公司。同时，承诺客户会尽快落实，更是一种负责任的态度。

适时承诺,得到客户谅解

客户:你们的服务热线总是打了没人接,是不是人都死光光了。

汽车销售顾问:没有啊!我们每天24小时都有工作人员值守,即使是下班后也有专人负责的。

客户:怎么不会,我昨天下午连续打了三次,都是无人应答,这让我非常生气。

汽车销售顾问:赵先生,实在对不起,不管是哪个环节出了问题,我都代表公司非常感谢您给我们提出这么好的意见,我将会落实一下为什么在我们这么严格的制度下还会让这样的情况发生。

……

汽车销售顾问:您好,赵先生,再次向您表达我们的歉意。经过我们的核查,发现电话系统出了点故障,让您多次打电话也没有联系上我们。虽然这是电话设备的故障,但我们保证今后会从制度上解决这样偶然情况的发生。再次谢谢您的宝贵意见,以后如果有发现我们做得不好的地方,请不要顾及我们的脸面直接向我们反映,我会第一时间处理的。非常感谢!

客户:不要客气,我的气话你们都那么当回事,说明你们公司是很负责的,今后我介绍更多的朋友来买车和接受服务。

汽车销售顾问:那就太谢谢您了赵先生,请常来我们公司坐坐。

客户:好的,再见!

客户档案管理

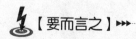

客户是企业的财富,做好客户档案资料的收集整理与管理工作,将助于分析、了解客户,有助于沟通客情,稳固合作。

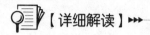

一、建立客户档案

1.建档程序

汽车销售顾问可以按照下图所示的程序对客户档案信息进行归档。

第一步	新车交车后,将完备的客户档案进行整理
第二步	检查档案,确定完整后,确定其是否符合归档要求
第三步	按照客户档案相关属性(购车日期或购买车型),确定其归档的具体位置
第四步	在信息目录上,登录客户名称及相关资料
第五步	将新的客户信息材料放在指定位置上,以方便查找

建档程序

2.立档范围

汽车销售顾问要明确客户立档范围,主要是所有已交车的新车客户。

客户档案包括新车车主身份证复印件、驾驶执照的复印件（如有）、车辆合格证复印件、购车发票复印件、购车合同、PDI检查单复印件。如在我公司上牌客户，则需要搜集登记证书复印件、车辆行驶证复印件以及交强险和商业险保单复印件。

二、精准细分客户

汽车销售顾问要将客户进行精准的细分。一般来说，可以根据以下四个方面来进行细分。

1. 按消费者特性进行细分

如按客户的性别、年龄、收入、兴趣爱好、消费习惯、个性、观念、兴趣、态度、价值观、支付习惯、大众传播媒体偏好、作息时间等。

> 只有全面了解客户信息，才能根据内部详细的标准对客户进行细分，才能根据具体的客户需求做出符合客户要求的精准的客户营销方案，才能与客户进行充分的互动。

2. 按具体车型进行细分

按具体车型细分是4S店客户分类管理中最普遍也是最好用的一种细分方法，比如北京现代有雅绅特、伊兰特、悦动、名驭、i30、领翔、途胜、ix35八款车型，如果按照车型分类，可相对集中客户的具体特性，便于针对具体车型的车主进行营销活动。

3. 按车主居住地位置进行细分

在一个中心城市，汽车4S店的布局至少要考虑5～10千米的公路圈。客户购买车辆不一定就近，但维修车辆一定会考虑就近维修。一方面省时省力，另一方面也可以降低用车成本和行车风险。这样，维护好就近公路圈的客户就显得尤为重要。将客户按所属区域进行细分，并按区块进行服务营销会事半功倍。

4.按车辆购买时间进行细分

车辆一般在3000～5000千米可以免费保养,2年或60000千米是质量担保期,在这期间属基本维修保养时间。现在的新车更新换代特别快,价格也下降得非常明显,客户在3～5年内考虑换车的可能性非常大,车辆流入二手车市场后进入维修厂的可能性较大。所以,按购买时间进行分类可以准确地把握车辆的生命周期,并针对具体时间段采用不同的互动方式。

三、客户档案保管

为保证客户档案的完整和安全,必须对客户档案材料不定期进行更新与维护,彻底清查客户档案的相关内容,主要为客户联系电话及地址,方便以后相关营销活动的组织和开展。

由于客户的情况总是在不断地发生变化,所以对客户的资料也应随之不断地进行调整。通过调整剔除陈旧的或已经变化的资料,及时补充新的资料,在档案上对客户的变化进行跟踪,使客户管理保持动态性。

四、客户资料的保密及外借

汽车销售顾问要管理好客户资料,要遵守公司对客户档案的管理规定,具体如下。

(1)任何人不得擅自将客户档案材料带至公共场合。

(2)无关人员不得进入客户档案存放办公室。

(3)严禁将客户档案信息进行拍照。

(4)严禁将客户档案在电脑中上传或下载,如其他部门需调用客户档案电子档,请先申请,并说明需要缘由,交总经理签字认可并留档。

(5)如遇需外借客户档案原始资料,则应先到客户服务部门登记,并写明外借原因、借出人、借出资料份数、借出时间、预计归还时间方可借出。归还时同样需登记归还时间、人员。

客户会员管理

 【要而言之】▶▶▶

在竞争日趋激烈的今天，客户已经成为汽车服务企业生存与发展的生命线，谁拥有忠诚的客户群，谁就拥有财富和发言权。而作为开发与维护忠诚客户的利器——会员制被许多汽车销售企业予以运用。

 【详细解读】▶▶▶

一、会员入会升级

1. 入会方式

汽车服务企业不是靠卖会员卡来赚取利润的，因此对于客户入会，不要设太高的门槛，而是要让全部的保有客户加入会员俱乐部。

2. 入会卡级别确定

基于80/20法则，对客户以往消费数据库进行分析，客户享受的会员卡级别参照客户以往对企业的忠诚、利润贡献度大小来决定。

3. 会员卡分类

会员卡可定义为钻石卡、金卡、银卡，按卡类别配备相应的服务包。

4. 会员资格期限

会员资格有效期为一年，会员资格到期，续会可以采用缴纳续会费、使用卡内积分抵扣、续保金额在一定金额以上等方式。

5.会员升级

普通会员升级为高级别会员条件,可以采用累计消费积分达到升级条件时,直接进行升级;以一定的积分进行抵扣升级为高级别会员;入会后有一次正常维修金额在5000元以上等方式。

二、实行会员积分

积分是为了奖励会员长期、重复、大额的消费行为,是用远期的回报来鼓励客户当前的消费。

1.会员积分

会员积分可实行累计积分和可兑换积分的双轨积分模式,具体如下图所示。

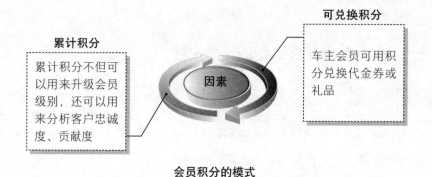

会员积分的模式

2.会员积分换算

根据会员消费类别的不同定义不同比率的积分换算比率,如正常维修定义为1元兑换积分1分,可定义保险公司付费的不参与积分。可以根据客户的消费类型定义多种不同的积分换算比率,保证积分换算的灵活性和可配置。当一个会员累计积分达到升级条件时,客服人员将通知车主会员来店做升级服务,当升级到更高的会员级别后会员可享受更多的维修折扣和免费服务。

3.会员优惠及礼品兑换

会员入会后按统一规定的服务包为车主提供服务,若车主会员在4S店消费累计积分达到了规定的等级,就可享受相应的优惠。

比如,累计积分达到10000分,享受工时8.5折优惠,当可兑换积分达到5000分可领取手机一部,礼品兑换后相应的可兑换积分会减少。

三、组织会员活动

汽车销售企业要提前做好会员活动(包括会员日)的计划,并提前预告给会员,让会员有充分的准备时间。

1. 讲座类

举办车主课堂,旨在通过培训提高车主对本店车辆性能的了解,提高车主对汽车养护的正确理解与正确操作,增进车主之间及车主与汽车服务企业的交流沟通。向车主宣传安全常识、使用常识。通过相关活动和知识讲座,从单纯的产品宣传层面向品牌价值过渡,有力地提升品牌在会员群体中的美誉度。

举办讲座类会员活动,要注意下表所示的事项。

举办讲座类会员活动的注意事项

序号	注意事项	具体说明
1	确定课程内容	简单的汽车构造常识、功能键的操作使用、维修、保养规定及索赔规定、维修保养流程、安全知识、使用常识、日常保养及维护、保险理赔、节油技巧、车主之声
2	确定培训专家阵容	销售专家、售后专家、保险专家等
3	报名方式	汽车服务企业可以利用客服系统,以短信或信件方式,通知会员开课时间、地点、课程内容,根据企业的实际情况,确定报名方式
4	确定活动方案	汽车服务企业在明确相关事项前,需要确定活动方案
5	做好活动评估	在活动结束后,汽车服务企业要做好活动评估,如发放活动反馈表,对活动进行总结,为下次活动的开展累积经验

2. 活动类

通过对会员活动开展,一方面加强会员同汽车销售企业的紧密度;另一方面为会员提供了一个集娱乐、交朋识友、结识商务伙伴于一体的互动平台。

汽车销售企业可以组织会员活动,包括组织同行业会员联谊,组织会员自驾游,组织会员与其他公司联谊,组织单身车友玫瑰之约,组织野餐、烧烤、秋游活动,组织车友迎新春文艺晚会,组织家庭亲子活动等。

一个卖瓷碗的老人挑着扁担在路上走着,突然一个瓷碗掉到地上摔碎了,但是老人头也不回地继续向前走。路人看到觉得很奇怪,便问:"为什么你的碗摔碎了你却不看一下呢?"老人答道:"我再怎样回头看,碗还是碎的。"你得到什么启示呢?

点评

你这把钥匙不是万能的,万一遇到不对胃口的客户,放弃也是一种选取。

第八章
客户维护与跟踪技巧

保险理赔服务

【要而言之】

做好保险理赔服务可以使汽车保险的基本职能得到实现；客户也能及时恢复生产，安定生活；也可检验汽车销售企业的承保质量，树立企业形象；同时也可以反映汽车保险的经济效益。

【详细解读】

一、汽车理赔接待流程及沟通技巧

汽车销售顾问要掌握汽车保险理赔接待流程，做到按章办事，也不至于慌乱，其接待流程及沟通技巧如下表所示。

汽车理赔接待流程及沟通技巧

序号	步骤	沟通技巧	参考话术
1	接听电话	（1）电话响起三声，必须接听 （2）说话口齿清楚,语气友善，语音亲切、柔和，让客户听后有一种安慰感 （3）对客户提出的问题要耐心细致地解答，急客户之所急	您好！×××公司，我是汽车销售顾问×××，请问有什么可以帮您的？
2	询问客户信息	（1）询问内容：车牌号、车主姓名、保险公司、保单号、被保险人名称 （2）计算机操作：在系统中录入查询条件，查询车辆信息	（1）请问您的车牌号是多少？保单号是多少？ （2）如查询到车牌号，与客户核对被保险人、保单号、投保公司：请问被保险人是×××吗？投保公司是×××吗？ （3）如未查询到车牌号码："请问车主的姓名是什么？"

续表

序号	步骤	沟通技巧	参考话术
3	询问出险信息	（1）询问内容：出险时间、出险地点、驾驶员姓名、事故经过、是否报交警、是否报保险公司、有无人伤、损失程度 （2）计算机操作，在"接听电话记录表"中录入出险信息	请问出现时间？出现地点？驾驶员姓名？事故经过？是否已报交警？是否已报保险公司？是否有伤员？伤员是否送往医院？车辆损失情况？
4	判断案件类型，指导客户处理	详见下一表格	
5	预约时间	预约到店维修时间，做好登记	请问您准备什么时间到店维修？我帮您预约一下
6	结束	（1）确认客户没有其他问题，并且准备结束电话 （2）向客户表示谢意，并让客户感到你的诚意	请问您还有其他问题吗？感谢您致电×××4S店，再见

二、判断案情并指导客户处理

汽车销售顾问要会准确判断案件类型，指导客户进行处理，具体如下表所示。

案件类型判断及处理

序号	案件类型	具体事故	沟通技巧	参考话术
1	单方事故	前后挡风玻璃单独破碎	（1）告知客户此事故定损需携带的相关单证 （2）预约客户到店时间	请问您什么时间到店维修车辆？我帮您预约。为了更好地为您服务，请您带齐保单、身份证原件、行驶证原件及相关事故证明

第八章
客户维护与跟踪技巧

续表

序号	案件类型	具体事故	沟通技巧	参考话术
1	单方事故	标的车停放期间被撞	（1）告知客户立即报保险公司及相关物业单位，并保护好现场 （2）告知客户报案方式及流程 （3）10分钟后回访客户	请报保险公司和×××单位，并在现场等候查勘，保险公司电话×××，稍后我会和您联系
		标的车撞击静止物（无须赔付第三者）	（1）告知客户立即报保险公司及相关物业单位，并保护好现场 （2）告知客户报案方式及流程 （3）10分钟后回访客户	请您不要将车驶离现场，请报保险公司，并在现场等候查勘，保险公司电话×××，稍后我会和您联系
		标的撞静止物（需赔付第三者）	（1）告知客户立即报保险公司及相关物业单位并保护好现场 （2）告知客户报案方式及流程 （3）10分钟后回访客户	请您不要将车辆驶离现场，请报保险公司及交警，并在现场等候查勘，保险公司报案电话×××，交警电话122，稍后我会和您联系
		标的车自燃	（1）告知客户立即报保险公司及消防和交警处理，并保护好现场 （2）告知客户报案方式及流程 （3）联系救援人员到现场 （4）10分钟后回访客户	请报保险公司、消防和交警，并在现场等保险查勘，保险公司电话×××，交警电话122，消防电话119，我们会派人到现场协助处理，请您保持手机畅通，会有人和您联系，请稍等一会
		标的车水浸	（1）告知客户立即报保险公司，并保护好现场 （2）告知客户报案方式及流程 （3）联系救援人员到现场 （4）10分钟后回访客户	请您千万不要打火启动车辆，避免扩大损失，请报保险公司，并在现场等候保险查勘，保险公司电话×××，我们会派拖车和专人到现场协助您处理，稍后会有人和您联系

续表

序号	案件类型	具体事故	沟通技巧	参考话术
2	双方事故	无人伤案件	（1）告知客户立即报保险公司及交警 （2）告知客户报案方式及流程 （3）10分钟后回访客户	请您不要移动现场，请交警及保险公司处理，并在现场等候保险查勘，交警电话122，保险公司电话×××，稍后我会和您联系
2	双方事故	有人伤案件	（1）告知客户立即报保险公司及交警处理，并保护好现场；伤者送往医院 （2）告知客户报案方式及流程 （3）联系救援人员到现场 （4）10分钟后回访客户	请您不要将车辆驶离现场，请报保险公司、交警、医院，并在现场等候查勘，医院电话120，交警电话122，保险公司电话×××，我们会派人到现场协助您处理，稍后会有人和您联系
3	盗抢案件		（1）告知客户立即报保险公司及相关物业单位 （2）通知当事人将相关资料拿到保险公司办理手续 （3）联系保险专业人员援助 （4）10分钟后回访客户	请您报保险公司和派出所处理，我们会派人协助您处理，稍后会有人与您联系
4	特殊案件	单方事故离开现场	向客户耐心解释保险条款及保险公司的理赔政策，并让客户感到你的诚意，并劝客户返回现场等待查勘	该案件需查勘现场，请您返回现场等候请您报保险公司处理，保险公司电话×××，我们会派人协助您协助您处理，稍后会有人与您联系
4	特殊案件	双方事故离开现场	（1）向客户耐心解释保险条款及保险公司的理赔政策，并让客户感觉到你的诚意 （2）协助客户报案	我们会派人协助您处理，稍后会有人与您联系